Depende de Você
Como fazer de seu filho uma história de sucesso

O GEN | Grupo Editorial Nacional reúne as editoras Guanabara Koogan, Santos, Roca, AC Farmacêutica, Forense, Método, LTC, E.P.U. e Forense Universitária, que publicam nas áreas científica, técnica e profissional.

Essas empresas, respeitadas no mercado editorial, construíram catálogos inigualáveis, com obras que têm sido decisivas na formação acadêmica e no aperfeiçoamento de várias gerações de profissionais e de estudantes de Administração, Direito, Enfermagem, Engenharia, Fisioterapia, Medicina, Odontologia, Educação Física e muitas outras ciências, tendo se tornado sinônimo de seriedade e respeito.

Nossa missão é prover o melhor conteúdo científico e distribuí-lo de maneira flexível e conveniente, a preços justos, gerando benefícios e servindo a autores, docentes, livreiros, funcionários, colaboradores e acionistas.

Nosso comportamento ético incondicional e nossa responsabilidade social e ambiental são reforçados pela natureza educacional de nossa atividade, sem comprometer o crescimento contínuo e a rentabilidade do grupo.

Andrea Ramal

Depende de Você
Como fazer de seu filho uma história de sucesso

A autora e a editora empenharam-se para citar adequadamente e dar o devido crédito a todos os detentores dos direitos autorais de qualquer material utilizado neste livro, dispondo-se a possíveis acertos caso, inadvertidamente, a identificação de algum deles tenha sido omitida.

Não é responsabilidade da editora nem da autora a ocorrência de eventuais perdas ou danos a pessoas ou bens que tenham origem no uso desta publicação.

Apesar dos melhores esforços da autora, do editor e dos revisores, é inevitável que surjam erros no texto. Assim, são bem-vindas as comunicações de usuários sobre correções ou sugestões referentes ao conteúdo ou ao nível pedagógico que auxiliem o aprimoramento de edições futuras. Os comentários dos leitores podem ser encaminhados à **LTC – Livros Técnicos e Científicos Editora** pelo e-mail ltc@grupogen.com.br.

Direitos exclusivos para a língua portuguesa
Copyright © 2012 by
LTC — Livros Técnicos e Científicos Editora Ltda.
Uma editora integrante do GEN | Grupo Editorial Nacional

Reservados todos os direitos. É proibida a duplicação ou reprodução deste volume, no todo ou em parte, sob quaisquer formas ou por quaisquer meios (eletrônico, mecânico, gravação, fotocópia, distribuição na internet ou outros), sem permissão expressa da editora.

Travessa do Ouvidor, 11
Rio de Janeiro, RJ — CEP 20040-040
Tels.: 21-3543-0770 / 11-5080-0770
Fax: 21-3543-0896
ltc@grupogen.com.br
www.ltceditora.com.br

Capa: Máquina Voadora DG sobre imagem: Happy children with thumbs up over white
©iStockphoto.com/laflor
Editoração Eletrônica: Máquina Voadora DG
Ilustração: Christian Monnerat

CIP-BRASIL. CATALOGAÇÃO-NA-FONTE
SINDICATO NACIONAL DOS EDITORES DE LIVROS, RJ

R134d

Ramal, Andrea Cecilia, 1966-
Depende de você: como fazer de seu filho uma história de sucesso / Andrea Cecilia Ramal. - [Reimpr.]. - Rio de Janeiro : LTC, 2013.
il. ; 21 cm

Inclui bibliografia
ISBN 978-85-216-1910-9

1. Educação de crianças. 2. Educação afetiva. 3. Professores e alunos. 4. Pais e professores. 5. Educação - Participação dos pais. I. Título.

11-5773.	CDD: 371.192
	CDU: 37.064.1

A meus pais, Alicia e Antonio.

Meu muito obrigada, cheio de carinho,
a Alicia Ramal e Silvina Ramal.

Sumário

Prefácio	xi
Parte I – Família e escola: a sinergia que leva ao sucesso	1
1 Não há sucesso sem educação. Mas que educação?	4
2 Teste: o que você mais reforça na educação de casa?	7
3 Você é o aliado mais importante da escola	10
4 O pai precisa acompanhar os estudos, ou basta a mãe?	12
5 Reuniões de pais: você precisa ir a todas?	13
6 Nem rígidos, nem permissivos: combinando as regras do jogo	16
7 O equilíbrio que educa	20
8 Filhos sem limites, adultos sem futuro	23
9 Aluno nota dez e pessoa feliz: é possível?	28
10 Teste: você estimula a formação integral do seu filho?	31
Parte II – Escolher uma boa escola é o começo do sucesso	35
11 Por que a escolha da escola é tão importante?	37
12 Os dez critérios para escolher uma escola	39
13 Você tem afinidade com a proposta da escola?	42
14 O espaço da escola é adequado e seguro?	47

15 A escola é bem equipada? 51

16 Qual é a nota da escola? 54

17 Escola pública ou particular? 57

18 Quando optar por uma escola religiosa? 63

19 Quando optar por uma escola bilíngue? 66

20 Quais são as vantagens das escolas com tempo integral? 69

Apêndice: Como saber o momento de mudar de escola? 71

Bônus: Guia prático para escolher uma creche ou pré-escola 75

Parte III – Conheça a escola de hoje para conseguir o melhor serviço 79

21 A escola ensina o que meu filho precisa aprender? 82

22 Na aula tem filmes, debates e jogos. Isso é bom? 86

23 A escola segue o método mais eficaz? 89

24 A internet ajuda ou atrapalha a aprendizagem? 92

25 Como sei se meu filho tem bons professores? 94

26 Como saber se a escola do meu filho avalia bem? 99

27 O professor pediu para meu filho se dar uma nota. Isso é correto? 104

28 Quando meu filho precisa ficar em recuperação? 106

29 Repetir o ano é a solução mais eficaz para quem não aprendeu? 112

30 As escolas devem incluir alunos com deficiências? 116

Parte IV – Como ajudar seu filho a alcançar resultados excelentes 125

31 Para os melhores resultados: o que fazer e o que não fazer? 128

32 Como seu filho pode gostar de ler? 137

33 Seu filho pode gostar de matemática: saiba como 143

34 *Bullying*: como lidar com isso? 150

35 Meu filho fica muito nervoso nas provas. O que fazer? 157

36 Meu filho está em recuperação. E agora? 159

37 Que cuidados ter com o uso da internet? 165

38 Que fazer quando seu filho tem um distúrbio de aprendizagem? 174

39 Guia prático do pai e da mãe nota dez 182

40 Teste: você está fazendo a sua parte? 189

Epílogo: a educação que a escola não pode dar 194

Chaves de leitura dos testes 196

Sugestões de filmes 200

Para saber mais 203

Ferramentas para os pais 204

Glossário 205

Prefácio

Neste livro você encontra informações e sugestões importantes para fazer a sua parte e ajudar o seu filho a se tornar uma história de sucesso.

A educação tem um papel fundamental nessa história e todo processo educativo passa pela escola. Com este livro, você entenderá as principais características do mundo escolar, para que possa interagir com ele e avaliar seu trabalho. Verá como ajudar o seu filho nas diversas situações e etapas dos estudos. Saberá como complementar e apoiar o que a escola desenvolve de positivo, e que melhorias exigir.

As orientações aqui apresentadas são fruto de minha experiência de mais de vinte anos trabalhando em escolas, em todos os segmentos, e na formação de professores e diretores de colégios de vários países da América Latina. São embasadas pelas pesquisas que desenvolvi na universidade e por visitas que fiz a centros de orientação de pais e mestres em diversos lugares do mundo.

Os filhos de pais que seguirem as orientações deste livro terão mais condições de se sair bem nos estudos, de aprender mais e melhor e, sobretudo, de levar adiante um projeto de vida com mais conhecimento, equilíbrio e felicidade.

Uma parte importante da construção desse futuro é sua, então faça tudo o que puder. Depende de você!

A Autora

PARTE I

Família e escola: a sinergia que leva ao sucesso

"*Ninguém educa ninguém. Ninguém se educa sozinho. As pessoas se educam em comunhão, mediadas pela realidade.*"

Paulo Freire (1921-1977)
Educador

Estudo de Caso

Quem é o responsável pelo meu filho?

Certa vez eu estava na recepção de uma das escolas em que lecionava e presenciei uma cena curiosa.

Era o horário de saída do turno da manhã e de entrada do turno da tarde. A recepção estava bastante movimentada. A mãe de um aluno entrou agitadíssima e muito nervosa. Dirigindo-se à recepcionista, num volume bem alto, de forma que todos pudessem ouvir, exigiu:

– Eu quero saber quem é o responsável pelo meu filho!

Um professor, que estava também naquele mesmo local, não resistiu, e respondeu com naturalidade:

– É a senhora!

Esta cena é um retrato dos muitos mal-entendidos que existem entre as famílias e as escolas. Você, que é pai ou mãe, e a escola têm uma missão em comum: educar uma criança, um jovem. Mas vocês estão alinhados?

Bom, neste caso, a mãe não queria dizer exatamente o que pareceu. Ela procurava um responsável na escola para resolver algum problema. Mas a frase dita, sem querer, deixou a impressão de que ela havia delegado à escola toda a responsabilidade de educar o filho. E o pior é que, às vezes, essa é a atitude de algumas famílias.

A família e a escola se entenderem não é algo simples. A escola diz: quero uma criança interessada em aprender! Quero que a família cuide da parte afetiva e emocional da criança, enquanto eu dou a ela conhecimentos.

Mas, para a família, educar hoje é algo complexo! A internet, as drogas, a violência... As preocupações são muitas. Se você tenta controlar seu filho, ele diz: "Todo mundo deixa, por que você vai me proibir? Você não confia em mim?" Ao mesmo tempo, quando você lê nos jornais sobre algum acidente com um jovem implicado, a sociedade logo decreta: "A culpa é dos pais."

A distância entre o papel da família e o da escola tem diminuído. Hoje a escola assume tarefas que eram da família, e vice-versa. Para nenhuma das duas educar é fácil. E a família precisa de orientações seguras, não só para desempenhar bem seu papel, mas também para apoiar e complementar o trabalho da escola.

Quando a família e a escola educam com os mesmos critérios, as diferenças entre os dois ambientes se reduzem, e sabe quem ganha com isso? Seu filho. O desafio é construir essa sinergia.

Imagine uma orquestra: cada instrumento tem sua parte, e seu som é bonito quando ouvido sozinho. Mas quando todos tocam juntos, numa emocionante sinfonia, o resultado é muito mais poderoso do que a soma das partes. Isso é sinergia.

Nesta primeira parte do livro, você verá que a família e a escola, quando trabalham de forma coordenada e em cooperação, podem atingir resultados melhores do que a soma de seus esforços isolados; e aprenderá como isso pode acontecer na prática, de maneira eficaz.

1

Não há sucesso sem educação. Mas que educação?

O sucesso de uma pessoa depende de muitos fatores e um deles é a educação.

Só educação não basta, é claro. Mas é certo que uma educação de baixa qualidade, pais pouco presentes e falta de afeto e de diálogo em casa são ingredientes-bomba. Podem acarretar problemas na criança e no jovem, deixando sequelas por toda a vida adulta.

No mundo de hoje, o conhecimento é um bem muito valioso. Quem tem conhecimento é valorizado nas empresas, nos países, no relacionamento entre as pessoas. As empresas de maior valor de mercado são as que trabalham com conhecimento. E as pessoas de sucesso são aquelas que sabem usar bem o conhecimento e que conseguem aprender a cada etapa da vida, mesmo sem um professor e fora da sala de aula.

Quanto mais alto o grau de instrução do seu filho, maiores as suas chances de sucesso. E os avanços dependem da base.

Não importa que digam: "hoje o diploma não vale nada" ou "só interesa o que se aprende na universidade". Quanto maior o capital humano acumulado através da educação, maior é o diferencial de uma pessoa. E a educação básica é fundamental para aprender ao longo da vida.

Mas cabeça não é tudo. As pessoas de sucesso são também aquelas que conseguem um equilíbrio na vida. Quando elas têm problemas, reagem com serenidade, com criatividade, têm autoconfiança para encarar as dificuldades. São as que têm iniciativa e entusiasmo. Não esperam acontecer, elas constroem o próprio destino.

As pessoas de sucesso cuidam adequadamente de si mesmas e dos demais, alcançam qualidade de vida e se sentem felizes. Elas equilibram a mente, o corpo, o coração.

Você gostaria que seu filho fosse um adulto feliz e realizado, uma pessoa com uma história de sucesso? É o que todos os pais mais desejam para seus filhos! Pois saiba que essa habilidade para ter sucesso na vida se constrói desde a infância.

Onde está a base de tudo? Na escola e na família. É verdade que seu filho aprende nos livros, na internet, na televisão, nos jogos, nas conversas com amigos. Mas são os educadores – os pais, em casa, e os professores, na escola – que ajudam a criança e o jovem a dar sentido a tudo isso, atribuir valor ao que aprendem, a se posicionar diante do que é certo ou errado, justo ou injusto.

A família e a escola precisam atuar em conjunto num só objetivo: formar uma pessoa completa, desenvolvendo todas as suas capacidades.

Isso não quer dizer que a família esteja dentro da sala de aula, nem que a escola interfira na educação de casa. Basta alinhar o que vocês fazem e trabalhar juntos. Essa é uma das chaves da educação de excelência. É assim que as coisas dão certo.

A educação é um processo que continua ao longo de toda a vida, mas os pilares estão na educação da família e da escola.

A primeira parte deste livro trata de três pontos fundamentais:

- Que resultados você pode alcançar através da sinergia com a escola.
- Que acordos você precisa fechar com a escola para que tudo funcione.
- Que modelo de educação é mais completo para seu filho.

Para esquentar os motores, faça o teste do próximo capítulo, que vai ajudá-lo a refletir sobre que tipo de educação você mais reforça em casa. Vamos em frente!

VAMOS COMBINAR?

Tenho dois acordos para fazer com você.

Primeiro: neste livro, não vou discutir o conceito de família. Vamos combinar o seguinte: vou considerar *família* como o núcleo constituído pelos adultos que amam a criança e o jovem, que ficam mais próximos a eles e são os mais diretamente responsáveis pela sua criação. Então, quando eu falar de família, estarei falando de:

- Em primeira instância: pai e mãe.
- Em segunda instância, na ausência destes: padrastos, madrastas, tios, avós, pais e mães adotivos, padrinhos, madrinhas, irmãos mais velhos etc.

Segundo: sempre que você ler sobre os "pais", saiba que nesse termo expresso igualmente o pai, a mãe e/ou os responsáveis pela criação. Não vou escrever pai/mãe/responsável em cada frase, porque ficaria truncado para você ler. E quando falar sobre seu filho, falo tanto de meninos como de meninas – sem necessidade de escrever "filho/filha" a toda hora. Combinado?

2

Teste: o que você mais reforça na educação de casa?

Neste livro você verá como escolher uma escola que se alinhe com o seu modelo de educação e como apoiar o seu trabalho. Mas para isso é importante refletir, primeiro, sobre a linha de educação que você mais reforça em casa.

Este teste pode ajudar você nessa reflexão. Ele não pretende ser conclusivo, mas apenas fornecer algumas pistas, para um início de conversa.

Responda com sinceridade, siga as instruções para calcular os pontos e, no final do livro, consulte a chave de respostas. Essas questões são gerais, mas você pode adaptar as respostas, por aproximação, à idade correspondente ao seu filho.

Um exercício interessante é que o pai e a mãe façam o teste separadamente e depois comparem os resultados.

1. É domingo e o dia amanheceu ensolarado. São 11h30 e seu filho acaba de acordar. Qual destas frases é mais parecida com o que você poderia dizer a ele ao longo do café da manhã?

[A] Quantas outras crianças e jovens já estão praticando alguma atividade ao ar livre, assim você vai perder o dia!

[B] Está para começar o festival de cinema da cidade. Tem um filme ótimo para você assistir, que dificilmente entra no circuito fora dos festivais!

[C] Veja este panfleto, haverá uma caminhada na praia em defesa da paz na nossa cidade. Vamos? Que tal chamar seus amigos?

[D] O shopping abre às três da tarde. Poderíamos almoçar lá e ver umas vitrines, o que você acha? Tem lojas em liquidação.

[E] Vai fazer algo hoje? Ou prefere voltar para a cama e descansar mais um pouquinho?

2. Surgiu uma renda extra para este ano e você terá possibilidade de usá-la com algo relacionado ao seu filho. Se dependesse só de você, e só tivesse estas opções, qual você preferiria?

[A] Curso de reforço às matérias escolares, para incrementar as notas e acelerar os estudos.
[B] Ingressos de cinemas, teatros e museus, para programações apropriadas à sua idade.
[C] Discutiria com meu filho para quem dar essa renda extra, pois tem crianças que precisam mais do que ele.
[D] Contrataria um programa de treinamento para ele malhar o físico e ter barriga "tanquinho". Afinal, agora precisa cuidar um pouco do visual.
[E] Perguntaria a ele o que prefere fazer e pediria uma sugestão sobre como empregar essa renda extra, garantindo que faria o que ele decidisse.

3. Dos elogios que seus amigos poderiam fazer sobre seu filho, qual destes o deixaria mais feliz? Escolha apenas um:
[A] Ele vai ser um sucesso na vida profissional!
[B] Como ele gosta de ler!
[C] Como ele é solidário com os amigos!
[D] Ele é tão bonito, atraente e elegante!
[E] Ele parece o dono da casa, e você, o funcionário!

4. Uma revista oferece vários testes de personalidade. Se pudesse escolher apenas um para fazer sobre o seu filho, qual seria o mais interessante para você?

[A] Que profissão mais combina com você?
[B] Se você fosse um personagem da história universal, qual seria?
[C] Descubra o partido político que mais se parece com você.
[D] Ousado, formal ou despojado? Que estilo de roupa que mais o favorece?
[E] Descubra o que seu filho pensa sobre você. Ele o ama realmente?

5. Para dar um livro de histórias de presente para seu filho, você escolheria aquele que tivesse qual destas mensagens principais?

[A] O sucesso na vida se consegue através de trabalho duro, e é premiado quem se esforça desde cedo e não para de evoluir.
[B] Tem coisas lindas na vida que a gente nem sempre percebe; por isso é preciso educar o olhar, a mente e o coração para o que está além das coisas.

[C] Quando as pessoas se unem e trabalham juntas por um ideal comum, elas se tornam mais fortes e são capazes de mudar o mundo.
[D] Os astros e estrelas são admirados e invejados, e nem sempre eles são tão felizes quanto parecem. Mas esse é o preço da fama e da beleza.
[E] Quando seus pais não estão mais com você, aí sim você dá a eles o verdadeiro valor.

6. Você quer levar seu filho a um evento, mas ele não está com vontade de ir. Qual destas frases é a que mais se parece com a que você poderia lhe dizer?

[A] Vai ser bom, você aprenderá coisas que um dia usará na escola ou até no trabalho.
[B] Vai ser bom, você verá coisas diferentes e novas, vai voltar surpreso.
[C] Muita gente vai ficar feliz com a nossa presença, façamos a nossa parte.
[D] Você vai ver, todos vão te elogiar, você será o mais bonito de todos.
[E] Se não quer ir tudo bem, mas o que eu digo aos nossos amigos?

7. Seu filho está saindo com alguém. Qual destas perguntas é a que mais se parece com a que você poderia lhe fazer a respeito do seu/sua namorado(a)?

[A] O que ele(a) quer ser quando crescer? Ele(a) já decidiu?
[B] O que mais te chamou a atenção nele(a)?
[C] Ele(a) participa de alguma atividade como voluntário(a)?
[D] Ele(a) é bonito(a)? Como ele(a) é fisicamente?
[E] Você já contou alguma coisa a ele(a) sobre seus pais? O quê?

INSTRUÇÕES

Verifique qual é a letra que você marcou mais vezes: **A, B, C, D** ou **E**.

Em seguida consulte, no final do livro, a chave de leitura correspondente a essa letra.

Se houver empate em duas ou mais letras, leia as chaves de leitura correspondentes a cada uma delas.

Reflita sobre a análise feita e verifique se ela coincide com a educação que você acredita que proporciona ao seu filho.

A partir dos resultados, avalie se há alguma coisa nessa linha de educação que você considera necessário reforçar ou modificar.

3

Você é o aliado mais importante da escola

O que existe em comum nos países que se destacam pela qualidade da educação e nas escolas mais bem avaliadas?

Em todos eles, os pais se envolvem ativamente no processo de educação dos filhos.

As mais recentes pesquisas mostram que a presença dos pais na vida escolar dos filhos é decisiva para um desempenho excelente. Veja por quê:

- A participação dos pais reforça a autoestima e a autoconfiança.
- É uma forma de mostrar ao filho que ele é valorizado e os pais se importam com seu sucesso.

Quanto maior a participação dos pais no acompanhamento escolar dos filhos, melhor é o seu rendimento.

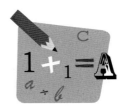

Mas atenção: participar é mais do que pagar cursos e perguntar superficialmente como estão as coisas. É sentar junto, conhecer as matérias que seu filho estuda e mesmo que às vezes seja cansativo, estar por dentro de tudo.

As escolas da Coreia do Sul, cujos estudantes estão entre os mais bem avaliados do mundo, chegam a oferecer cursos aos pais para que eles entendam as matérias ensinadas aos filhos. E o que é melhor: as classes ficam lotadas. Já no Brasil as pesquisas mostram que os pais não têm o hábito de acompanhar os estudos dos filhos, e boa parte deles se assume "alheia ao que acontece na sala de aula".

Alguns pais que me escrevem pelo meu blog dizem:

– Minha família está passando por alguns problemas, não tenho cabeça para acompanhar os estudos. O que posso fazer?

– Não tenho tempo para me dedicar. Eu trabalho demais!

Pois é, problemas e falta de tempo fazem parte da vida de todos nós. Quem pode dizer: "Ando com muito tempo livre!"?

Não há alternativa: faça tudo o possível para conciliar a sua rotina, seja ela qual for, com as necessidades do seu filho.

Não adianta você dizer: "Ah, esta semana estou sem cabeça, mas na próxima eu pergunto sobre a escola." Na próxima, provavelmente você também estará muito ocupado, ou cheio de trabalho, ou terá que fazer uma viagem, ou continuará estressado... Nunca chegará um momento ideal, sem nenhuma turbulência, você com a cabeça completamente tranquila para dizer: "Não tenho nada para fazer e nada que me preocupa, então vou dar uma olhada nos estudos do meu filho." O momento é agora. Lembre-se: amor de pai e de mãe é incondicional e não tem tempo nem hora.

A presença na vida escolar é uma expressão de amor. Não deixe para depois. É hoje e agora que o futuro do seu filho se constrói.

PARTICIPAR NA EDUCAÇÃO IMPLICA DIÁLOGO E ALINHAMENTO

Você já pensou?

Imagine se você ensinasse determinados valores a seu filho e quando ele chegasse na escola o professor dissesse o contrário?

E se a escola ensinasse algo e, em casa, você dissesse que aquilo não serve para nada? Como iria ficar a cabeça do seu filho?

mais produtivo é que a escola e a família tenham ideias parecidas sobre educação e compartilhem os mesmos valores. Para chegar a esse alinhamento, é necessária uma comunicação direta entre você e a escola. Mais à frente você verá, na prática, como fazer isso.

4

O pai precisa acompanhar os estudos, ou basta a mãe?

Quando se fala do acompanhamento dos estudos, todo mundo pensa logo na mãe. No entanto, várias pesquisas estudam a importância do envolvimento do pai. Adivinhe os resultados: quanto mais o pai participa, melhores são os resultados na escola e na vida.

Veja as conclusões:

- Quando o pai se interessa pelos estudos, se envolve na aprendizagem e acompanha o trabalho da escola, em geral o filho alcança notas mais altas.
- Filhos de pais que participam da vida escolar se relacionam melhor com os outros e equilibram melhor as próprias emoções.
- Qualidade tem mais resultado do que quantidade: não importa quantas horas o pai passa acompanhando o estudo, mas a qualidade desses momentos.

Essas pesquisas também mostram que os benefícios do envolvimento do pai no acompanhamento dos estudos são independentes do envolvimento da mãe. Ou seja, se além da mãe o pai também estiver presente na vida escolar do filho, tanto melhor para crianças e jovens.

Se o casal se separou e o pai não mora com o filho, mas acompanha a sua vida escolar, também pode esperar bons resultados?

Sim! Os benefícios da participação do pai não estão estatisticamente relacionados a morar na mesma casa. O que importa é a qualidade do tempo que passam juntos.

Então, mãos à obra. Crianças e jovens cujo pai participa da sua vida acadêmica têm: mais probabilidade de ter notas altas, mais probabilidade de participar de atividades extras e mais chances de gostar da escola.

5

Reuniões de pais: você precisa ir a todas?

Muitos pais pensam que basta ir a algumas das reuniões convocadas pela escola e que, se as notas estão boas, nem é necessário comparecer. Afinal, reunião é para os pais dos alunos que estão com problemas.

Não é bem assim. Entenda: a escola é seu parceiro na educação. A reunião é o momento de conhecer a proposta da instituição e o plano de trabalho de cada etapa do processo educativo.

É a oportunidade para você expressar o que pensa, ter uma visão do andamento da turma, saber o que a escola espera que você faça para colaborar com o trabalho.

Também é o momento de apresentar contribuições, críticas e sugestões com a finalidade de melhorar o processo educacional.

Pais comprometidos com o sucesso escolar dos filhos comparecem a todas as reuniões e mantêm uma comunicação frequente com a instituição.

A escola também precisa favorecer essa participação. Não adianta marcar reuniões num dia de semana, no meio da manhã. O horário precisa levar em conta que os pais têm compromissos profissionais. Experiências bem-sucedidas em que se conseguiu aumento da presença dos pais nas reuniões usaram dias como sábado de manhã, ou horários antes ou após o expediente.

VEJA O QUE A ESCOLA PRECISA FAZER
- Convocar reuniões de pais com regularidade.
- Aproveitar bem os encontros para ouvir os pais, alinhar as expectativas e fornecer orientações.
- Ir atrás dos pais que participam pouco (e-mail, telefone etc.).
- Levar em conta os horários dos pais ao marcar reuniões.
- Dar retorno às observações e sugestões que receber dos pais.

Para além das reuniões, as boas escolas encontram outros modos de envolver os pais na educação dos filhos. Você verá a seguir alguns exemplos. Procure participar deles! As escolas podem convidar os pais para:

- Participar das primeiras aprendizagens da criança, na pré-escola.
- Atividades que estimulam a proximidade entre pais e filhos, como: ler um livro para as crianças, falar do seu trabalho ou do que gosta de fazer nas horas livres, contar histórias.
- Participar de leituras indicadas pela escola, para fazer em casa com os filhos.
- Realizar "deveres de casa" que são para os dois, como entrevistas para o aluno fazer aos pais.

É preciso que a escola esteja aberta à colaboração da família, mantendo um serviço de atendimento qualificado para que o diálogo se construa de forma produtiva.

Além disso, ela deve fornecer uma orientação adequada sobre o tipo de ajuda que espera dos pais, na complementação do trabalho escolar, em cada etapa da formação.

VOCÊ SABE COMO FAZER PARA NÃO ATRAPALHAR OS ESTUDOS DO SEU FILHO?

Pois é, existe esse risco! Infelizmente nem todas as escolas fornecem aos pais as orientações necessárias, e esse é um dos fatores do insucesso de alguns alunos. Os pais pensam que estão ajudando, mas na verdade atrapalham.

Imagine, por exemplo, um pai que faz as tarefas de casa pelo filho, manda decorar tudo, dá castigo se o filho se esforça mas não aprende, e tira a autonomia do aluno. Fazer os deveres pelo seu filho é passar a ideia de que, para você, ele é incapaz. Isso não é ajudar, é atrapalhar.

DICAS PRÁTICAS

- Compareça sempre a todas as reuniões de pais convocadas pela escola.
- Reforce junto a seu filho as orientações dadas pela escola.
- Sinalize na escola quando algo não vai bem.
- Elogie quando fica bem impressionado com práticas da escola.
- Verifique se a escola do seu filho entende a família como parceira.

6

Nem rígidos, nem permissivos: combinando as regras do jogo

O que é melhor, educar com rigidez ou com liberdade?

Você já ouviu frases como:

– Na minha época, se o aluno fizesse isso, era expulso!

– A escola, hoje em dia, é liberal demais!

Ou, ainda:

– Os pais não dão limites a essa criança, estão formando um marginal!

– Coitado desse menino, os pais são muito rígidos, não deixam fazer nada!

Afinal, quem tem razão? Nem os pais nem as escolas têm respostas prontas para essas dúvidas.

Devem ser rígidos ou flexíveis? Controlar tudo ou deixar livres? Então, pelo medo de errar, muitas vezes vemos exageros nos dois extremos.

Conheço pais que exigem demais de seus filhos, pensam só no estudo, com pouco espaço para o lazer e a diversão, e normas rígidas para tudo.

Outros, ao contrário, acham natural que os filhos não estudem, deixam fazer de tudo e pensam que eles não precisam se esforçar tanto, pois a vida, no futuro, já será dura demais. "Aproveite enquanto pode, meu filho", ponderam. E não sabem dizer "não".

Os pais que não conseguem criar hábitos de estudo costumam reclamar da escola:

– O colégio passa pouco dever!

– A escola não ensina como ele deve estudar!

– O colégio tem que exigir mais! Sempre que eu pergunto, ele diz que já estudou!

Já as escolas... Elas também reclamam:

– Os pais não leem, como os filhos vão se tornar leitores!?

– Os pais vêm ao colégio só quando querem reclamar de alguma coisa.

– Se em casa os pais deixam fazer tudo, e não apoiam a orientação dos professores, como a gente vai manter a disciplina em sala?

VOCÊ SABIA QUE, COMPARADA COM OUTROS PAÍSES, A ROTINA DO ESTUDANTE BRASILEIRO É MAIS BRANDA?

Numa recente pesquisa, os pais brasileiros ficaram no grupo dos que mais reclamaram que seus filhos "estudam menos do que deveriam" e "leem pouco". E admitiram que eles "não conseguem fazer com que seus filhos estudem o suficiente".

E vale a pena lembrar os dados de outra pesquisa, sobre estresse e estudo. Ela verificou que o estresse não tem a ver com o número de horas que um aluno passa estudando, mas com a falta de hábito para lidar com isso. Um aluno coreano, por exemplo, pode estudar dez horas por dia sem estresse, pois está habituado a isso. Já a rotina do estudante brasileiro alia poucas horas na escola com pouco estudo em casa. Isso também ajuda a explicar nossos baixos desempenhos nos exames internacionais.

Em educação, o equilíbrio é sempre a melhor opção. Nem tanto ao mar nem tanto a terra. Mas para saber qual é a dose ideal de rigidez e de flexibilidade, e qual é a postura que mais estimula a autonomia, é importante você entender como foi que as escolas passaram de um modelo rígido e repressor para uma educação mais liberta.

VOCÊ JÁ PENSOU?

Com que modelo de educação você mais se identifica: o da rigidez excessiva ou o da liberdade total?

É possível equilibrar cumprimento de normas com liberdade e autonomia? Como?

POR QUE AS ESCOLAS NÃO SÃO MAIS RÍGIDAS COMO ANTIGAMENTE?

Antigamente as escolas eram muito rígidas. Existiam até castigos corporais e punições que humilhavam as crianças, como:

- ☹ Palmatória.
- ☹ Ajoelhar no milho.
- ☹ Sentar no canto da sala, de costas, com um chapéu de burro na cabeça.

Muitos achavam a escola maçante, com conteúdos sem sentido. Estudar era decorar fórmulas, regras, equações, sem saber exatamente para que tudo aquilo servia.

Ao longo dos anos, aconteceram várias coisas que provocaram mudanças na escola.

1. A Psicologia e outras ciências que estudam a cognição mostraram que para aprender, a criança precisa estar motivada; e precisa ter a estrutura mental para assimilar os conteúdos. Mostraram também que, para aprender, é preciso mobilizar não só o intelecto, mas outras coisas: a memória, a atenção, a criatividade.

2. A Sociologia e outras disciplinas começaram a questionar a escola, mostrando que ela não ajudava a transformar a sociedade, e sim apenas a reproduzia. Do jeito que a escola é organizada, a classe dominante se sent "em casa", porque tudo é muito familiar. Já as crianças de famílias pobre se sentem como um peixe fora d'água. A escola começou a se repensar como ser mais acolhedora, menos excludente?

3. Os meios de comunicação e as tecnologias digitais trouxeram questionamentos aos métodos de ensino. O jovem de hoje está habituado à interatividade, às tecnologias divertidas, à navegação sem barreira

da internet. Com tantos estímulos atraentes, não dá para a sala de aula manter o modelo clássico, com todo mundo ouvindo quietinho o que o professor fala.

4. Na sociedade em geral, a democracia foi se tornando cada vez mais presente. As pessoas se tornaram mais atuantes e querem expressar o que pensam com liberdade. Se a escola é o lugar da formação da cidadania, ninguém aceita mais uma sala de aula opressora, onde o professor é o dono do saber e o aluno não tem voz.

Por tudo isso, as escolas de hoje sabem que:

- As aulas precisam motivar os alunos e o aluno precisa entender o que estuda.
- Em vez de aprender por castigos e punições, é melhor aprender por interesse.
- Em vez de o professor ser temido, ele pode ser um orientador e parceiro.
- O aluno precisa ser acolhido e se sentir bem na escola.

VOCÊ JÁ PENSOU?

Como era a escola em que você estudou?

Você gostaria de ter estudado numa escola mais parecida com as de hoje? Por quê?

Com quem você mais se parece em casa, com um educador de ontem ou de hoje?

Até aí está tudo ótimo, não acha? Nesse modelo de escola, o aluno sai do colégio com saudade, querendo continuar aprendendo ao longo da vida.

Mas será que tornar a educação mais atraente significa acabar com os processos estruturados de trabalho, e até com as normas?

É o que você vai descobrir no próximo capítulo. Siga em frente!

7

O equilíbrio que educa

Renovar a escola e tornar o ensino atual, dinâmico e atraente não significa educar de um modo espontâneo, sem procedimentos claros e sem método ou normas de convivência. A não ser no caso de algumas correntes específicas, que são contrárias a colocar qualquer tipo de limite para a criança.

Veja o que alguns pais me dizem:

– Eu gostaria muito de matricular meu filho numa escola moderna, mas não quero que ele estude numa bagunça, então vou buscar um colégio mais tradicional.

– Até os colégios religiosos implantam o construtivismo. Está tudo acabado mesmo!

Não é nada disso! A renovação da escola não significa uma bagunça total. Só quando as escolas não compreendem o novo modelo é que isso acontece.

E mais: muitas vezes, essa má compreensão vem das famílias, que exigem que a escola seja mais tolerante, e pensam que precisam "proteger os filhos do rigor da escola".

Sim, porque enquanto uns querem voltar ao passado, outros reclamam:

– A escola do meu filho passa muito dever!

– Coitado, meu filho está estudando todo dia, o colégio está puxado demais.

Para aprender, é preciso que a pessoa esteja motivada. Mas aprendizagem também exige esforço pessoal e dedicação. É bom quando a aula é divertida. Mas tem momentos em que, mesmo sem se divertir, é necessário se esforçar e dedicar horas ao estudo.

Educar também é ensinar a lidar bem com atividades de que o aluno não gosta. Mas o esforço pessoal seguido de bons resultados também dá prazer.

Da mesma forma, para aprender é preciso que a escola mantenha um clima de bem-estar. Mas a boa convivência num mesmo espaço exige normas que precisam ser compreendidas e respeitadas por todos. E a escola e a família precisam zelar pelo cumprimento das regras, sem permissividade. Não como uma ditadura, nem numa pedagogia do medo, mas sim com acordos de convivência sensatos, e mostrando a crianças e jovens a importância deles para o bem-estar de todos.

Ao longo dos anos em que trabalhei em escolas e com formação de professores, vi casos que preocupam, tanto da parte das famílias como das escolas. Vou contar alguns deles:

- *A mãe do aluno vai à escola reclamar porque o professor repreendeu o filho por, sistematicamente, não trazer o material da aula. Ela diz: Ele é filho de pais separados, é difícil se organizar, já que os materiais ficam em duas casas. A escola devia compreender.*
- *A professora deixa o aluno sem recreio porque, em vez de fazer os exercícios, ficou ouvindo música e perturbando os colegas. Os pais entram com uma ação judicial contra a professora, amparados pelo Estatuto da Criança e do Adolescente, alegando que a criança sofreu humilhação.*
- *Uma turma sempre se atrasava para voltar do recreio e a coordenação determinou: alunos que chegarem depois de iniciada a aula não poderão entrar. No dia seguinte, doze alunos chegam quinze minutos atrasados. O professor não permite que entrem e os encaminha para a biblioteca. Depois de alguns instantes, o coordenador aparece na porta, com todos os alunos atrás. Ele pede que o professor, "só dessa vez", autorize a entrada. O resto da turma vibra com altas gargalhadas diante da desmoralização do professor.*
- *O professor está dando aula e, enquanto isso, um grupo de alunos joga, aos poucos, todo o seu material pela janela da sala (desde o quarto andar). Quando a aula termina, o professor percebe o que aconteceu e precisa ir até o jardim recolher o material que, a essa altura, está empoeirado e amassado. O professor chama os alunos para conversar e posiciona a coordenação da série. A coordenação não vê problema e diz que "são coisas da idade" e afinal "quem nunca fez uma travessura?".*
- *Pelo regimento de determinada escola, o aluno que fica em recuperação em seis disciplinas está automaticamente reprovado. Um aluno fica em recuperação em seis matérias, todas com média entre 1,0 e 4,0 (numa escala de zero a 10). A mãe do aluno pede o favor de que os professores "liberem" o aluno de algumas matérias, para ele poder fazer as outras provas.*

O que está na base de todos esses casos? A compreensão inadequada do que é flexibilidade, do que significa o aluno se sentir bem na escola, um desrespeito pela figura do professor e uma proteção excessiva dos alunos por parte de alguns adultos – que, pensando que protegem, na verdade até prejudicam.

Não defendo punições exemplares nem uma pedagogia baseada no rigor. Mas alguns destes casos deveriam ter sido mais bem utilizados como chances de formação das crianças e jovens, em vez de ser tratados como eventos sem importância. Em todos há confusão por parte da família e da escola, e se perde a oportunidade de reforçar valores e posturas que serão cobrados na vida adulta.

A melhor educação busca o equilíbrio. A escola e a família não podem ser rígidas demais, tornando a vida da criança e do jovem uma tirania. Mas não podem ser permissivas e precisam saber dizer "não" e mostrar a importância do cumprimento de acordos e compromissos.

Escola com uma sala de aula atraente e motivadora não significa escola desorganizada e sem método. Educação com tolerância e diálogo não significa deixar fazer de tudo. Mas como se faz essa dosagem? Você vai aprofundar essas ideias no próximo capítulo.

Diálogo e afeto, uma didática que motiva e o estabelecimento de limites claros são ingredientes essenciais para uma educação equilibrada.

8

Filhos sem limites, adultos sem futuro

Você acha que é possível conciliar dois modelos?

Por um lado, a visão atual de escola: uma sala de aula motivadora, na qual professores e alunos são parceiros na grande aventura do conhecimento.

Por outro, práticas equilibradas que incluam a exigência de rotinas de estudo, uma organização adequada das atividades, e não deem lugar ao desrespeito e à agressão.

Você acha que é possível conciliar essas visões na sua casa?

Que você seja:

Amigo do seu filho → Tratando-o com todo o amor, animando-o a fazer suas tarefas, mostrando a importância delas, compreendendo suas dificuldades?

Orientador do seu filho → Chamando a sua atenção diante de um eventual descompromisso, de atitudes de intolerância ou desrespeito em relação aos demais, e exigindo uma dedicação séria às suas obrigações de estudante?

Eu acredito que sim, é possível. E nessa articulação está uma das principais chaves do sucesso na educação e na vida.

Escolas que valorizam o estudante sabem estabelecer limites. Com respeito pelo aluno, com diálogo e discernimento. Sem cair no modelo do passado: ninguém precisa apanhar com a palmatória se fizer algo errado. Mas precisa saber quando um comportamento é inadequado, fere os demais, prejudica a si mesmo e aos colegas. E isso pode ser trabalhado e superado, com ajuda dos professores e da família.

Pais que amam seus filhos sabem estabelecer limites. Com muito afeto, sem gritos, nem muito menos batidas de cinto. Simplesmente mostrando ao filho o que é certo e o que é errado, com os critérios do respeito aos demais e da valorização de si mesmo, e das oportunidades que recebe, de estudar e de se desenvolver.

> Quem ama educa, e a educação passa também por fixar limites. A escola e os pais precisam estar em sintonia e se apoiar mutuamente nesse processo.

ENTÃO COMO FICA A DISCIPLINA?

Na escola é fundamental conciliar a flexibilidade da educação contemporânea com os limites necessários para todo processo em que pessoas convivem e compartilham os mesmos espaços. Afinal, o bem-estar de todos depende de uma postura de respeito, tolerância e civilidade por parte de cada um.

DICAS PRÁTICAS

- Conheça as normas de convivência da escola e explique a seu filho seu sentido e importância.

- Quando não concordar com uma norma, questione e sugira mudanças. Estimule seu filho a fazer isso também. Mas não desautorize os educadores na frente dele.

- Seja coerente. Evite: "Faça o que eu digo e não o que eu faço". Suas atitudes ensinam mais do que palavras.

- Aproveite cada ocasião como uma oportunidade de educar: conversar, conscientizar, comprometer. A educação acontece nessas pequenas oportunidades e atitudes de cada dia.

- Estimule o bom clima de convivência em casa, inibindo as atitudes agressivas e favorecendo o respeito às diferenças, o diálogo, a convivência pacífica e solidária entre todos.

- Em casa, não use a norma pela norma: explique a seu filho o sentido das suas decisões. Compreender o sentido de uma regra é o primeiro passo para cumpri-la – ou, se ela não estiver adequada à realidade, questioná-la ou adaptá-la.

- Sugira à escola que os alunos participem das discussões de atualização das normas, porque essa é uma oportunidade de formação para a cidadania.

 Se um aluno é indisciplinado, o professor deve expulsá-lo da sala?

Expulsar da sala de aula não deveria ser algo frequente. Às vezes não tem jeito, um aluno está prejudicando muito os demais e não há como continuar a aula. Todos têm direito a uma aula de qualidade, e não é justo que um aluno prejudique todo o grupo.

Mas expulsar é uma medida extrema, que exige alguns cuidados. O professor precisa conversar com o aluno após a aula, para mostrar as implicações de sua atitude, falar dos benefícios que ele terá com um comportamento diferente, e detectar se há algum problema específico que esteja causando essa atitude: Desinteresse? Desmotivação?

Algum problema pessoal ou familiar? Como ajudá-lo a superar?

Mandar para fora de sala resolve o problema apenas temporariamente, mas a mesma situação pode se repetir na aula seguinte. O professor e a turma se livram do indivíduo que perturba, mas o processo educativo é interrompido. Esse evento precisa se converter numa oportunidade de educar, de diálogo e de conscientização.

Como o professor precisa ficar na sala com a turma, veja o que acontece com o aluno que é expulso de sala:

Vai para a coordenação → Pode não receber a orientação adequada para usar bem esse tempo, que seria de aula. Já vi casos em que o aluno fica batendo papo com um funcionário que está por lá naquele momento. O coordenador pode dar uma bronca, mas sem saber exatamente o que aconteceu. Ou seja, é a bronca pela bronca, descontextualizada, e com pouco efeito pedagógico.

Vai para a biblioteca → Se essa é uma penalidade, reforça-se a ideia de que ler, ou ter contato com livros, é castigo! Já vi situações em que pediram para o aluno copiar, como punição (exemplo: "Não vou mais fazer bagunça na aula", escrito cem vezes), ou mandaram que ele fizesse uma redação. Copiar cem vezes uma expressão não muda nenhum comportamento. E escrever uma redação não pode ser castigo, isso reforça uma visão negativa da leitura e da escrita!

Ir para o pátio → É um castigo ao avesso, vira uma premiação. O aluno vai brincar e se divertir, enquanto os demais têm aula. Na próxima vez outros alunos pedirão o mesmo!

Você percebe que, muitas vezes, quem educa tem mais dúvidas do que certezas? É natural, não estamos numa fábrica de produtos enlatados, e sim lidando com seres humanos. Não há respostas únicas. Mas uma coisa é certa: é muito mais efetivo educar pelo diálogo do que dar punições, castigos e excluir o aluno da sala ou da escola.

É correto tirar pontos da prova do aluno se, nas aulas, ele foi indisciplinado?

Em princípio, não. As provas servem para checar se o aluno aprendeu. Tirar um ponto por indisciplina diminui a eficácia desse diagnóstico do que foi aprendido e do que precisa melhorar. Alguns professores consideram uma nota de participação, separada da prova.

O USO DO UNIFORME ESTÁ ULTRAPASSADO?

Muita gente pergunta: se a escola mudou tanto, é correto ainda usar uniforme?

O uso do uniforme é uma questão de identidade, tanto na escola pública como na particular. Quem o veste se identifica como membro de determinada instituição.

Além disso, ao padronizar a forma de os alunos se apresentarem, o uniforme ajuda a evitar os excessos, a competição quanto ao uso de grifes da moda, ou o desleixo e a falta de capricho na apresentação pessoal.

A maior parte das escolas particulares exige o uso de uniforme e somente no Ensino Médio libera os alunos para vestir o que quiserem. Algumas não abandonam o uniforme nem mesmo nessa etapa escolar.

O uso do uniforme tem os seus críticos. Veja o que eles dizem:

☹ O uniforme reforça o conceito de uma escola que padroniza as pessoas. Como numa fábrica, nessas escolas as crianças devem sair todas iguais, com um molde predefinido.

☹ Esse modelo de escola apaga as diferenças individuais, expulsa do sistema todos os que não se adaptam e reproduz as estruturas sociais vigentes.

☹ O uniforme é um símbolo dessa reprodução, massificação e exclusão social.

Por outro lado, ideologias à parte, na prática o uniforme tem diversas utilidades:

☺ Evitar que os corredores da escola se transformem numa passarela de moda, com competição entre os alunos.

☺ Evitar o consumismo, os excessos, a discriminação com aqueles que não têm alto poder aquisitivo para usar roupas caras, a superficialidade.

☺ Nivelar as desigualdades sociais, pelo menos na apresentação exterior.

☺ Favorecer a segurança: com uniforme é mais fácil identificar quem é da escola.

☺ Garantir descontos ou gratuidades no transporte público, no caso de cidades que têm este benefício para estudantes da rede estadual ou municipal.

Você já pensou?

Será que usar uniforme ajuda a acabar com a discriminação ou só esconde o problema da desigualdade social e, assim, não ensina a lidar com ele?

Será que usar uniforme ajuda a evitar os excessos ou é uma perda da oportunidade de educar contra o consumo e a favor das vestimentas adequadas a cada contexto?

Em todo o caso, se a escola adota uniforme, o importante é que isso não seja uma simples regra de autoridade. Seu uso precisa fazer sentido para o estudante. Agora, uma vez estabelecida a norma, ela deve ser colocada em prática, e seu cumprimento deve ser exigido pela escola e apoiado pelos pais.

9
Aluno nota dez e pessoa feliz: é possível?

Você já reparou que algumas partes do corpo dos atletas profissionais são mais desenvolvidas do que outras, dependendo do esporte que praticam? Por exemplo, os nadadores costumam ter o tórax e os ombros bem largos. O mesmo ocorre com os halterofilistas, quando trabalham mais uma parte do corpo do que as outras.

Com a cabeça, o coração e os sentimentos da gente também acontece a mesma coisa. Se você estimular mais um único aspecto, este se desenvolverá mais do que os outros. Conheço pessoas muito boas em contas e cálculos, gênios da matemática, mas sem conhecimento ou sensibilidade para apreciar uma obra de arte. Profissionais com excelente desempenho no trabalho, mas incapazes de estabelecer relacionamentos duradouros.

Por isso precisa haver, tanto na educação de casa como na escola, um cuidado para desenvolver todas as capacidades por igual, do modo mais harmônico possível.

Na escola, isso nem sempre acontece. Por exemplo, alguns colégios reforçam mais o conteúdo teórico. Outros priorizam a formação para o trabalho.

Uma boa escola deve ter como proposta a formação integral, entendendo o aluno de um modo mais completo e global. Isso significa não só ensinar conteúdos, mas estimular o seu crescimento como pessoa.

A formação da família e da escola precisa se complementar nesse aspecto.

DESAFIO

Deixe de lado, por um momento, as matérias do currículo (Matemática, História, Ciências etc.). O que mais você acha que a escola deveria ensinar ao seu filho?

Compare o que você escreveu com o esquema que se segue.

CONHEÇA AS DIMENSÕES DA EDUCAÇÃO INTEGRAL

Uma educação integral está atenta ao desenvolvimento de todas as dimensões da pessoa:

Cognitiva	• Capacidade de compreender a realidade. • Capacidade de interagir com a realidade de forma ativa.
Afetiva	• Capacidade de se relacionar consigo mesmo e com os demais. • Capacidade de se construir e se afirmar como ser social, manifestando de forma equilibrada os seus sentimentos e emoções.
Comunicativa	• Capacidade de se expressar adequadamente. • Capacidade de interagir com os demais através das diversas linguagens.
Ética	• Capacidade de tomar decisões com autonomia e responsabilidade, levando em conta princípios e valores. • Capacidade de agir de acordo com princípios e valores, assumindo as consequências de suas ações e decisões.
Estética	• Capacidade de interagir com o mundo e consigo mesmo, desenvolvendo a própria sensibilidade para apreciar o belo. • Capacidade de expressar o belo de modos diversos.
Física/Corporal	• Capacidade de compreender e preservar o próprio corpo. • Capacidade de se engajar no próprio desenvolvimento físico e motor.
Sociopolítica	• Capacidade de se situar na realidade com relação a esta mesma e aos demais. • Capacidade de se envolver em processos conscientes e críticos para transformar essa realidade.
Espiritual (*)	• Capacidade de ir além da própria existência para se colocar em relação com outras pessoas e sobretudo com um Deus. • Capacidade de, a partir disso, buscar e dar sentido à sua vida.

(*) Presente, sobretudo, na proposta das escolas religiosas.

Formação integral tem a ver com "inteligência emocional"?

Exatamente! Algumas das dimensões que você viu, como por exemplo afetiva ou comunicativa, são outros modos de falar da inteligência emocional.

A inteligência emocional é a capacidade da pessoa de reconhecer os próprios sentimentos e os dos outros, e de gerir bem as emoções dentro de si e nos seus relacionamentos. Ela é, para muitos psicólogos, a grande responsável pelo sucesso ou fracasso das pessoas no trabalho e na vida. Afinal, tudo envolve relacionamento, motivação, negociações entre pessoas. Quem é bom de relacionamento e quem se sente bem consigo mesmo tem mais chances de se sair bem na vida.

Inteligência não é só a capacidade de aprender, ter memória ou resolver problemas. Um teste de Q.I. dá conta apenas de uma fatia de tudo o que é a inteligência!

Os psicólogos explicam que as inteligências são múltiplas, e temos, entre outras:

Inteligência intrapessoal → capacidade de compreender a si mesmo e de apreciar os próprios sentimentos, motivações, interesses.

Inteligência interpessoal → capacidade de compreender as motivações, interesses e desejos dos demais.

A educação da escola e a da família devem buscar desenvolver as múltiplas inteligências das crianças e jovens, levando-os a se conhecer e se aceitar, a lidar com as próprias emoções, a relacionar-se com os demais. Até para aprender os conhecimentos das matérias da escola essas dimensões estão implicadas.

Uma experiência de aprendizagem não passa apenas pelo lado cognitivo. Ela mobiliza desejos, memórias, lembranças, expectativas. Aprender implica envolver a cabeça e os afetos.

10

Teste:
Você estimula a formação integral do seu filho?

A escola, sozinha, não pode atender todas as dimensões da formação. Será que você, na educação que proporciona em casa, está atento a todas? Ou deixa alguma delas de lado?

Descubra, a partir do teste, quais são as dimensões da formação integral que você mais enfatiza na educação do seu filho.

Reflita sobre o resultado e pense se você deseja mudar alguma coisa no modelo de educação que adota em casa.

Considere o dia a dia real do seu filho. Não pense no que você gostaria que fosse, e sim no que realmente acontece.

Vale lembrar que, numa única atividade, várias dimensões podem estar implicadas, mas neste teste vamos considerar apenas uma delas em cada linha.

INSTRUÇÕES

Atribua um número conforme a classificação que se segue. Coloque o número exatamente no quadrinho sombreado.

Se seu filho realiza a atividade...	Marque:
Sempre	4
Muitas vezes	3
Algumas vezes	2
Raramente	1
Nunca	0

Atividades/atitudes do meu filho	A	B	C	D	E	F	G	H
Exercícios de lógica e charadas								
Conversas sobre o que ele sente em relação aos amigos								
Escrever e apresentar textos ou redações								
Apreciar paisagens durante uma viagem								
Troca de ideias sobre o que acha certo ou errado								
Palavras cruzadas e brincadeiras com enigmas								
Visitar museus, exposições, ver obras de arte								
Diálogos com os pais e/ou irmãos sobre seus problemas								
Posicionar-se sobre o que acha justo ou injusto								
Ouvir música/ler poesias e contos								
Apresentar ideias e opiniões oralmente ou por escrito								
Experimentos em laboratórios/jogos de estratégias								
Jogar futebol, vôlei ou outros esportes								
Comemorações de datas especiais com família/amigos								
Falar ao telefone/mandar mensagens pelo celular								
Planejamento da semana, ou de atividades escolares								
Conversas com os pais, recebendo conselhos amigáveis								
Receber da família carinhos, gestos de amor								
Expor o que pensa e ouvir a opinião dos demais								
Rezar								
Depois de assistir a um filme, avaliar as ações dos personagens								

Atividades/atitudes do meu filho	A	B	C	D	E	F	G	H
Fazer arte no computador com programas de desenho								
Atividades ao ar livre com gasto de energia								
Interesse em melhorar a vida de quem sofre algum mal								
Expressão pessoal através de arte como música/dança								
Alimentação balanceada e peso adequado, sem drogas								
Concordância com ações justas e que levam ao bem								
Interesse por temas ligados a mudança social								
Atividades ligadas à arte, produzindo ou assistindo								
Preferência pelo que é bom e correto								
Hábitos de higiene adequados								
Participação em conversas sobre problemas sociais								
Frequentar cerimônias religiosas								
Liderança em atividades com amigos ou colegas								
Sexualidade apropriada para a idade								
Atividades voltadas para o interior, como meditação								
Encontros com algum grupo de caráter religioso								
Estudo para provas ou deveres								
Conversa com orientador religioso								
Participação em grêmios ou diretórios escolares								
SOMA (some os números de cada coluna)								

PARA VOCÊ LEMBRAR

- Não existe sucesso sem educação; e a educação tem melhores resultados quando há sinergia entre a escola e a família.

- Reflita sempre sobre o modelo de educação que você adota em casa, na prática do dia a dia.

- Um processo educacional adequado equilibra a motivação e o prazer de aprender com uma organização clara, método e normas que fazem sentido.

- A educação envolve estabelecer limites e normas de convivência. Você precisa conscientizar seu filho sobre isso com diálogo, firmeza e afeto.

- O interesse do pai e da mãe pelos estudos do filho, seu envolvimento na aprendizagem e seu acompanhamento do trabalho da escola estão estatisticamente associados a melhores resultados escolares.

- As reuniões de pais são uma oportunidade privilegiada para receber orientações, informar-se sobre o andamento do processo educativo e estreitar o vínculo entre família e escola. Participe de todas!

- Uma boa escola deve ter como proposta a formação integral, entendendo o aluno de um modo completo e global.

- Formação integral significa não ensinar só conteúdos, e sim estimular o crescimento como pessoa.

- Uma formação integral envolve todas as dimensões da pessoa: cognitiva, afetiva, comunicativa, ética, estética, física/corporal, sociopolítica e espiritual.

- Na educação que proporciona em casa, esteja atento para favorecer o desenvolvimento integral do seu filho.

PARTE II

Escolher uma boa escola é o começo do sucesso

"Há escolas que são gaiolas. Há escolas que são asas."

Rubem Alves (1933)
Psicanalista, educador, teólogo e escritor

Estudo de Caso

Qual é a melhor escola para Henrique?

Denise e Bruno tomaram uma decisão: não iriam economizar recursos na educação do filho. Como dizia o vovô, "educação é a melhor herança". Por isso, escolheram uma escola de grife: o Colégio Educa-Top.

O casal visitou a escola, adorou as instalações e sentiu muita confiança nos educadores. Não se pode ter tudo: o colégio ficava a quase quarenta minutos da casa deles. O investimento era alto, mas logo iria se refletir em bons resultados.

No entanto, para surpresa de Denise e Bruno, algo inesperado começou a acontecer.

No início Henrique parecia entusiasmado. Mas depois de alguns meses começou a ficar incrivelmente irritado e mal-humorado. Menino de apenas sete anos, em certos dias parecia até um adolescente daqueles mais rebeldes. Mesmo para a escolinha de futebol e o curso de inglês ele ficava de má vontade.

Denise e Bruno começaram a imaginar: haverá "más companhias" em sua turma? O colégio será exigente demais? Será que ele é vítima de alguma agressão?

Só depois de muita observação os pais chegaram ao ponto: os quarenta minutos de distância entre a casa e a escola, com o engarrafamento, haviam se transformado em quase três horas para ir e voltar. O trânsito caótico e a quantidade de atividades extras que ele fazia depois da escola tornavam o dia de Henrique quase insuportável.

No final do ano Denise e Bruno encontraram um colégio que, embora não tivesse todas as credenciais do Colégio Educa-Top, era bem avaliado e ficava no mesmo bairro em que eles moravam. Hoje Henrique já fez amizades na sua nova turma, é considerado um bom aluno, e o principal: é um menino tranquilo, motivado e feliz.

Como você pode ver pelo caso verídico da família de Henrique, não é fácil encontrar a escola ideal. Nesta parte do livro, você verá o quanto é importante fazer a escolha certa, e que critérios precisa levar em conta. Estas informações também serão úteis para você avaliar a escola em que seu filho estuda.

11

Por que a escolha da escola é tão importante?

DESAFIO

Se, por algum motivo de força maior, você fosse obrigado a deixar seu filho por um ano para outra família cuidar...
– Que família iria escolher?
– Em que você iria se basear para escolher essa família?

Se você tivesse que deixar o seu filho por um ano com alguém, iria tomar todos os cuidados, não é? Teria que escolher a família em que você mais confiasse, que conseguisse educá-lo da forma mais parecida com o que você mesmo faria.

Escolher uma escola tem tudo a ver com isso e é uma das decisões mais importantes. Afinal, a escola é uma espécie de segunda casa do seu filho.

É na escola que seu filho:

- Tem acesso a conhecimentos de forma estruturada.
- Interage com crianças, jovens e adultos que não são da sua família.
- Entra em contato com outros modos de se expressar e de se comportar.

É na escola que seu filho receberá o complemento da educação que você dá em casa.

Escolher uma escola é decidir quem será o parceiro na educação do seu filho.

Como você viu no caso de Henrique, no início desta parte do livro, nem sempre a escola que aparece nos primeiros lugares das avaliações ou com a marca mais reconhecida é a melhor para seu filho. Mas não tome a decisão pensando só no que é mais prático!

Para escolher a escola é necessário ter um conjunto de critérios. Vamos conhecê-los?

Uma escola pode ser boa para uma criança ou um jovem, e não tão boa para outros?

Sim! Cada família, dependendo do seu perfil, e das necessidades de cada criança ou jovem, deve avaliar qual é a escola mais adequada para o seu caso.

12

Os dez critérios para escolher uma escola

Por ser uma decisão tão importante, a escolha da escola inquieta muito os pais.

Você já viu que não existe uma escola que seja ideal para todos os casos. Todas precisam cumprir o currículo mínimo exigido pela legislação educacional brasileira, mas o colégio precisa ser escolhido pela sintonia que houver entre o que os pais querem para seu filho e a proposta da instituição.

As perguntas básicas que você precisa fazer são:

- Como eu gostaria que meu filho fosse educado?
- Com quem eu me sinto seguro para dividir essa responsabilidade?
- Quem eu escolho como parceiro na educação do meu filho?

Como as respostas a essas questões não são simples, você pode seguir um roteiro na avaliação. Para isso, destaquei dez critérios, que você conhecerá agora.

1. Você tem afinidade com a proposta da escola?

Conheça em detalhes o Projeto Político-Pedagógico. Verifique se a linha da escola está em sintonia com os valores da sua família e com a maneira de ser da criança ou do jovem.

Você poderá se aprofundar neste assunto no próximo capítulo.

2. O clima da escola promove o bem-estar?

Como você é recebido? Os funcionários são gentis e dão a impressão de que seu filho também será bem-vindo? Existe respeito entre as pessoas? Os alunos e os professores se sentem bem na escola?

Este ponto também tem relação com o Projeto Político-Pedagógico, e você poderá saber mais a respeito no próximo capítulo.

3. A escola investe na relação com a família?

Na primeira parte deste livro, você viu que é importante que a escola compreenda a família como parceira. Verifique quais são os canais de comunicação entre a escola e a família e com que periodicidade as reuniões acontecem.

Analise se o site da escola oferece informações sobre a proposta pedagógica e se há um espaço reservado para que os pais tenham acesso a informações exclusivas.

4. O espaço físico é adequado?

Verifique se o espaço da escola favorece a aprendizagem. Como são as salas de aula, os espaços para esportes e lazer, os ambientes de leitura e os laboratórios.

Você verá como avaliar este ponto no capítulo 14.

5. Os recursos e equipamentos são suficientes?

Verifique se a escola está aparelhada com um mínimo de recursos, mídias e tecnologias compatíveis com a educação de hoje.

Você verá como avaliar este ponto no capítulo 15.

6. Os educadores são bem preparados?

Informe-se se os professores são bem preparados e como seu trabalho é avaliado.

Se tiver conhecidos que têm filhos na mesma escola, pergunte se gostam das aulas e se consideram que a avaliação da aprendizagem é adequada.

Verifique se a escola conta com funcionários bem-preparados que monitoram os demais ambientes de aprendizagem e de convivência.

Consulte se a escola investe na formação continuada dos educadores.

Pergunte a média de reprovações nas turmas. Se ela for alta, isso é um motivo de preocupação.

Na Parte III do livro, no capítulo 25, você verá como deve ser um bom professor.

7. A escola está atenta à saúde e segurança do seu filho?

No caso das escolas particulares, verifique se a instituição tem um convênio com hospitais das redondezas ou com empresas de planos de saúde escolar.

Consulte se a ficha do aluno inclui informações relativas à saúde e se a escola registra os dados do pediatra ou médico da família. Consulte qual procedimento o colégio adota para casos de emergência ou acidentes, tanto no caso de instituições públicas como particulares.

Observe a cantina da escola: ela tem opções de alimentos saudáveis, ou o que mais aparece no balcão são doces, refrigerantes e comidas gordurosas?

Verifique se a escola está atenta à segurança das crianças e dos jovens. Você poderá refletir mais sobre este ponto no capítulo 14.

8. A educação está alinhada com as tendências de hoje?

A educação mudou muito, mas nem todas as escolas acompanharam isso. Só que seu filho não pode ser educado com métodos de ontem.

Para além de métodos e recursos didáticos atualizados, as boas escolas criam espaços de participação para o aluno, e ele tem vez e voz.

Em muitas escolas funcionam ativamente grêmios e diretórios de alunos, inclusive com salas apropriadas para as suas reuniões, nos quais os alunos elegem seus representantes, e estes mantêm um diálogo contínuo com a direção. Verifique se a escola está aberta a esse diálogo.

Como parte da formação para a cidadania, boas escolas desenvolvem com os alunos projetos com temas importantes para a realidade atual, como por exemplo tratando da nossa relação com o meio ambiente, estudos sobre direitos humanos ou projetos de engajamento num trabalho social e comunitário. Verifique se a escola tem propostas desse tipo.

Na Parte III deste livro, você poderá conhecer melhor o que mudou na educação e como avaliar esse trabalho.

9. A escola está num local acessível?

Você não deve escolher uma escola só porque é perto da sua casa. Por outro lado, não pode desprezar completamente esse critério.

O trajeto até a escola, nas grandes cidades, pode ser muito demorado e tomar várias horas do dia do seu filho, que seriam mais bem aproveitadas em atividades de estudo, esporte, descanso ou lazer. Não é incomum o aluno estudar num bairro distante, mas avalie cada caso.

10. Qual é a nota da escola?

O Brasil tem um sistema que mede a qualidade do ensino das escolas. Você poderá conhecê-lo mais no capítulo 16. Leve esse índice em conta: ele dá mais subsídios para você saber como são os resultados do trabalho da escola.

13

Você tem afinidade com a proposta da escola?

Quem educa tem sempre uma intenção. Ao educar alguém, você contribui, querendo ou não, para um determinado modelo de sociedade e de mundo.

O que uma escola pretende com a educação que oferece? Você sabe como descobrir isso?

Cada escola registra sua proposta de educação num documento chamado Projeto Político-Pedagógico, ou Projeto Educativo.

No Projeto Político-Pedagógico a escola explica:

- O seu modelo de educação.
- Como é o aluno que ela pretende formar.

O critério número 1 para escolher a escola é verificar se você concorda com a sua proposta.

Leia o Projeto Político-Pedagógico e avalie:

- Nossa família se identifica com essa maneira de entender a educação?
- Nós vemos a criança e o jovem da forma que essa escola vê?
- Os valores que essa escola reforça são valores em que nós acreditamos?

VOCÊ JÁ PENSOU?

Para saber se você se identifica com a proposta de uma escola, precisa ter clareza sobre qual é a sua própria maneira de educar. Lembra do teste que fez no início deste livro? Então agora pense a respeito:

– Quais são os valores que quero ensinar ao meu filho, e como vou ensiná-los?

– Em que mundo acredito, e como a educação de casa vai ajudar a construí-lo?

Entenda por que o Projeto Político-Pedagógico tem esse nome:

Projeto	Traz propostas de ação, de olho no presente e no futuro.
Político	Entende que toda ação educativa é intencional (e não neutra) e que a escola é um espaço de formação de cidadãos.
Pedagógico	Define as atividades e os métodos didático-pedagógicos que serão aplicados no processo de ensino-aprendizagem.

O projeto deve expressar tudo isso e não pode ser um documento burocrático, feito apenas para cumprir a lei. Ele precisa ser aplicado na prática.

Nas boas escolas, o Projeto Político-Pedagógico não fica só no papel. Ele acontece no dia a dia.

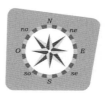

Quer uma dica para testar se o Projeto Educativo acontece na prática? Procure conversar com outros pais que têm filhos matriculados nessa mesma escola. Pergunte:

- Os alunos gostam das aulas?
- Eles se sentem bem na escola?
- Como é o clima no dia a dia da instituição?

O clima diz muito sobre a escola. As pessoas se relacionam bem, se respeitam?
　　Procure visitar a escola e repare em como você é recebido pelo porteiro ou recepcionista. Os funcionários também são educadores! Se você não for bem acolhido, como pode garantir que seu filho será? A educação começa pelo portão da entrada. É lá que seu filho precisa sentir: estou chegando num lugar em que sou bem-vindo e valorizado.

DESAFIO

- Se você tivesse que criar uma escola, qual seria o ponto mais importante do seu Projeto Político-Pedagógico?
- Na "escola dos seus sonhos" para seu filho, quais seriam os princípios e valores? O que você gostaria que as aulas mais reforçassem?

Para escolher uma escola, veja se o projeto se alinha com as suas respostas.

CUIDADO COM AS PEGADINHAS

Às vezes acontece: os pais matriculam o filho e depois descobrem algo que não era como esperavam.

– Puxa, não sabia que a média para passar de ano era tão alta! E agora?

– Ah, se eu soubesse que a escola era tão rígida, não teria matriculado meu filho!

Ao avaliar o Projeto Político-Pedagógico ou visitar a escola e conversar com os educadores, fique atento a itens que podem dar problema depois:

- A escola tem uma proposta rígida, liberal, ou equilibra as duas?
- Como é o sistema para o aluno passar de ano?
- A escola oferece educação sexual? Você concorda com o método?
- Quantos alunos tem cada turma? As turmas ideais, com crianças menores, deveriam ter em torno de 20 alunos; podem chegar a 30 até o 5º ano; e deveriam ficar em torno de 35 até o 9º ano. Já no Ensino Médio, as classes podem ser maiores.

Como posso ter acesso ao Projeto Político-Pedagógico da escola?

Você pode pedir uma cópia à escola, ou consultar o site (algumas escolas colocam um resumo na internet).

CONHEÇA ALGUMAS DAS LINHAS PEDAGÓGICAS

Existem muitas correntes de ensino, e nem sempre é muito fácil, observando a práticas de uma escola, descobrir em qual dessas correntes ela se insere. Além dis so, nem sempre tais correntes são bem aplicadas na sala de aula.

De qualquer forma, aqui você encontra um resumo bem simples de algu mas das linhas pedagógicas bastante conhecidas hoje. As escolas costumam aplica uma combinação de duas ou mais dessas teorias.

Tradicional	• Ênfase no conteúdo. • O professor é o responsável por transmitir o conhecimento. • Disciplina rígida, com pouca flexibilidade.
Construtivismo	• Organiza a aprendizagem de acordo com as etapas do desenvolvimento mental do aluno. • Atividades que levam o estudante a aprender a aprender. • Valoriza os conhecimentos que o aluno já traz.
Sociointeracionismo	• Similar ao construtivismo, com ênfase na interação social do estudante. • Dá importância ao contexto em que se aprende. • Foco em atividades de grupo, na linguagem e no relacionamento interpessoal.
Waldorf (antroposófica)	• Busca o desenvolvimento físico, individual e social. • Os alunos são agrupados por idades e não por séries, e não existe repetência. • Há ensino de outros conteúdos além dos acadêmicos, como música e artes plásticas.
Montessoriano	• Busca desenvolver o senso de responsabilidade pelo próprio aprendizado. • O ensino é ativo, enfatiza os exercícios de concentração individual e, nas fases iniciais, estimula a manipulação e montagem de objetos.
Paulo Freire	• Parte do princípio de que os conteúdos precisam ser relacionados com a vida concreta do aluno. • Entende que a educação é um instrumento de conscientização e de libertação dos oprimidos. • Valoriza o saber do aluno e o diálogo.
Logosófico	• Busca promover o conhecimento de si mesmo, a integração do espírito com as leis universais e o domínio das funções de aprender, ensinar, pensar e realizar. • A pedagogia se baseia no conhecimento e no afeto.

OR QUE ALGUMAS ESCOLAS SEPARAM MENINOS DE 1ENINAS?

m diversos países, como Inglaterra, Portugal, Espanha, Escócia, 1tre outros, há escolas em que meninos e meninas estudam separados, ou escolas que atendem exclusivamente meninos ou meninas. É a chamada educação diferenciada. São 210 mil escolas em 70 países, e apenas quatro no Brasil (dados de 2011). Algumas estão muito bem avaliadas. Por exemplo, no Reino Unido, das 29 escolas públicas que se encontram entre as cem melhores, 25 são de educação diferenciada.

Há escolas em que meninos e meninas estudam algumas matérias separadamente e fazem juntos outras atividades, como prática de esportes e música. Em outras, aulas para meninos e meninas funcionam em prédios diferentes, e os alunos não se encontram nem mesmo nas horas de recreio.

Quem defende esse modelo diz: não se trata de preconceito ou discriminação, nem de reforço dos estereótipos entre os gêneros. Nessas escolas, todos aprendem os mesmos conteúdos, só que com estratégias didáticas diferentes, já que (segundo eles) a maturidade emocional e intelectual de meninos e meninas acontece em momentos distintos. Inclusive, assim há mais possibilidade de que as meninas se interessem por disciplinas consideradas "masculinas", como informática, matemática ou química, e vice-versa, porque as matérias são adaptadas às necessidades de cada um.

Já os críticos desse tipo de organização escolar defendem que separar meninos das meninas pode gerar problemas na socialização, além de promover a discriminação entre os gêneros e ferir o direito de igualdade de tratamento de homens e mulheres. Para eles, a educação mista ou "coeducação" já demonstrou que funciona, e é a melhor maneira de educar para a igualdade.

Além disso, para os neurologistas não há diferenças que justifiquem uma separação, pois meninos e meninas são mais parecidos do que diferentes.

As escolas exclusivas para meninos ou meninas costumam ser mais caras e, ainda assim, em muitas delas há longas filas de espera e um processo seletivo rigoroso.

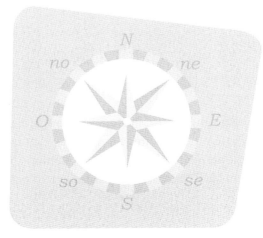

14

O espaço da escola é adequado e seguro?

O ato de aprender mobiliza uma série de capacidades mentais e emocionais. Para que esse processo seja o mais produtivo possível, várias condições são necessárias. Uma delas é um espaço físico adequado.

É claro que todo pai gostaria que a escola do filho tivesse o espaço ideal, com muito verde, lugares amplos para fazer atividades variadas, ambientes ao ar livre etc. Existem escolas projetadas em locais muito bonitos, que incorporam elementos da natureza, com cachoeiras, bosques e parques.

Mas isso não é o comum. Em geral – sobretudo nas grandes cidades e nos centros urbanos – as escolas são construídas em casas ou edifícios com um espaço limitado.

Tanto as escolas públicas como as particulares tentam aproveitar o terreno ao máximo, muitas vezes com prejuízo do conforto dos alunos. Além disso, lembre que nem sempre os engenheiros e arquitetos que projetam as escolas entendem as necessidades e características da educação de hoje. Por isso, acabam construindo estruturas inadequadas.

Quanto maior a área dos imóveis, maior o seu custo de compra e manutenção. Isso se reflete nas mensalidades, e daí vem a limitação dos pais na hora de escolher a escola.

Mas alguns critérios podem ajudar no momento de avaliar as condições oferecidas. Se o espaço não é ideal, pelo menos não deve ser desconfortável ao ponto de prejudicar o dia a dia do seu filho e suas condições de aprendizagem. Veja os critérios a seguir.

ESPAÇO MAIS APROPRIADO PARA APRENDER É:

☺ **Confortável**

Conforto é algo difícil de definir, pois é bastante pessoal, não acha? Então considere o seguinte: é confortável o espaço em que a criança e o jovem se sentem "em casa".

As salas de aula precisam ter boa luminosidade e uma acústica adequada.

☺ **Arejado**
Já pensou uma sala tão apertada que fosse difícil passar entre as mesas? Não dá para se sentir bem. Os alunos têm que poder se movimentar naturalmente, e as salas precisam ter janelas e boa circulação de ar. Os espaços de recreio deveriam ser ao ar livre.

☺ **Limpo e organizado**
A escola forma hábitos e atitudes, e precisa dar o exemplo. Suas instalações devem ser limpas, ter as coisas nos lugares, com a manutenção em dia. Os alunos devem ser conscientizados da importância da limpeza e da organização para o bom funcionamento do processo educativo e para o bem-estar de todos.

☺ **Adequado para as novas formas de ensinar**
Os métodos de ensino de hoje incluem atividades variadas, como trabalhos em grupo, apresentações dos alunos, dinâmicas, debates. Para fazer tudo isso, as mesas e cadeiras devem ser movimentadas facilmente. Ah, e são interessantes os espaços alternativos para as aulas. Que tal, por exemplo, uma aula de leitura no jardim? É preciso ainda que haja espaços para as atividades físicas e o lazer.

☺ **Bonito**
A escola precisa ser bonita. Não se trata de luxo. Mas a pintura das paredes, os murais, tudo precisa ter certo bom gosto. Isso também ajuda a desenvolver o senso estético nos alunos.

LUGARES DE SONHO, SEGURANÇA E APRENDIZAGEM

Na educação de hoje vem se reforçando o conceito de "escola aberta". Você já ouviu falar nele? Significa que a escola não se feche em si mesma, mas sim abra seu currículo às questões da comunidade. Por exemplo: qualidade de vida da região, diversidade, sustentabilidade, problemas do entorno. Também significa que a escola se abra para a participação dos pais, de voluntários, de pessoas da comunidade; realize uma educação inclusiva dos estudantes com deficiências; e assim por diante.

No passado, o conceito era isolar a criança na escola. Agora, a ideia é uma sala de aula aberta para o mundo, um currículo aplicado à vida concreta com consequências positivas para a região.

Esse conceito inspirou um programa nas escolas públicas brasileiras, chamado Escola Aberta. As escolas participantes abrem os portões nos finais de semana, feriados e nas férias para uso das instalações pela comunidade.

Programas desse tipo existem em outros países. Eles pretendem:

- Integrar a comunidade e a escola.
- Diminuir a evasão.
- Favorecer um clima escolar harmonioso.
- Contribuir para a cultura de paz nas escolas, reduzindo a violência.
- Possibilitar a criação de espaços alternativos de lazer, educação, esporte, cultura e formação inicial para o trabalho.
- Melhorar a qualidade da educação.

A questão é: deixar a escola aberta não deixa o espaço escolar muito vulnerável? Essa discussão ganhou mais força depois da tragédia ocorrida numa escola pública do Rio de Janeiro, em Realengo, cujas cenas ficarão em nós para sempre.

Independentemente desse caso isolado, existem outros episódios de violência nas escolas públicas e também nas particulares. Já foram registrados, por exemplo, casos como:

– Alunos que levam armas de fogo e armas brancas para o espaço escolar.
– Professores e alunos que são ameaçados e agredidos.
– Venda e consumo de drogas.

Em muitas escolas, tanto alunos como professores se sentem desprotegidos. Uma professora da rede pública me contou algo que, segundo ela, é comum: enquanto está dando aula, às vezes aparece um estranho na porta, ela pergunta o que deseja e ele responde: "Nada não, estou só olhando."

O ideal é que a escola mantenha o conceito de um currículo aberto e possa inclusive ser aberta à comunidade, mas concilie isso com processos de segurança e controle.

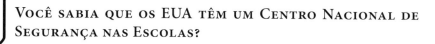

Você sabia que os EUA têm um Centro Nacional de Segurança nas Escolas?

Este centro americano elaborou uma lista de características de alunos que podem ser autores de atos graves de violência, para ajudar o diagnóstico nas escolas e o encaminhamento a especialistas. No Brasil se fala na possibilidade de criar uma organização similar. Mas é preciso cuidado para não rotular os alunos, não cometer injustiças e não estimular preconceitos.

Ninguém quer exageros. Não se pode transformar a escola num abrigo de guerra nem num presídio, com revista ou detector de metais. A educação é um processo que precisa envolver confiança.

Por outro lado, não se pode tratar a escola como uma terra de ninguém. Existem processos simples de segurança, como a identificação de visitantes, que já podem ajudar. Para isso é preciso criar processos e treinar os funcionários.

A escola não é uma ilha, e ela reflete o contexto da própria sociedade em que se insere – que, em muitos casos, é de violência. Mas pode influenciar positivamente esse contexto.

O desafio é construir, com crianças e jovens, uma imagem da escola como lugar de sonho, segurança e aprendizagem.

15

A escola é bem equipada?

Um bom mestre ensina até debaixo da sombra de uma árvore, não acha?

Por outro lado, a vida atual é repleta de mídias e tecnologias, que usamos para nos comunicar, divertir, para gerir conhecimento e, claro, também para aprender.

A sala de aula do passado era baseada num modelo de ensino: professor fala, aluno recebe a informação. Por isso, o professor ficava em cima de um tablado. Como num palco com poucos recursos: quadro, giz e a voz.

A sala de aula de hoje mudou. O centro deve ser o aluno. Ele fala, se apresenta, expõe suas ideias. E novos recursos e tecnologias são utilizados para tornar a relação com o conhecimento mais dinâmica, interativa e atraente.

DICAS PRÁTICAS

- Uma escola não precisa ter todos os recursos de última geração, mas verifique se ela tem ao menos alguns.
- Procure saber como eles são incorporados nas aulas.

Conheça a seguir alguns dos recursos que as escolas da atualidade utilizam no ensino.

■ Smart board

É a nova versão do quadro-negro, agora interativo. Quem o utiliza pode fazer, com um simples toque, as mesmas operações que faz num computador. Assim as aulas ficam mais variadas, com conteúdos multimídia que incluem páginas de internet, sons e imagens, apresentações, animações ou filmes e muitos outros recursos.

- Notebooks e tablets

São a nova versão dos cadernos e blocos de notas dos alunos, agora também interativos. Podem ser usados para fazer anotações, e também para ler textos eletrônicos, navegar na web, enviar e-mails, usar jogos, entre outras coisas.

- Laboratórios de informática e redes de conexão à internet

Há muitas experiências educacionais interessantes que incorporam a internet. Por exemplo, trabalhos em grupo entre alunos de diversas escolas, pelo Skype ou Messenger; pesquisas orientadas a partir de mecanismos de busca, como o Google; ilustração de conteúdos através de filmes do YouTube; colaboração entre usuários com a construção coletiva de textos, com ferramentas da Web 2.0, como a Wikipedia, simulações de situações através de realidade virtual e muitos outros recursos possíveis.

Mas atenção! A internet tem a característica de ser um espaço de livre expressão, onde cada usuário é responsável por aquilo que publica. Não é válido cercear ou censurar as publicações dos alunos, mas sim conscientizar sobre esse espaço e o que deve ou não ser publicado em função de critérios acordados com eles.

- Laboratórios de ciências, física, química, biologia e áreas afins

As ciências podem se tornar um bicho de sete cabeças para as crianças jovens se forem tratadas de um modo muito teórico. É preciso mexer com a curiosidade dos alunos, aguçando sua vontade de conhecer mais sobre os fenômenos que as ciências estudam, recorrendo a coisas que o estudante consiga relacionar com a vida. Para isso, os laboratórios de ciências são muito importantes, já que neles são realizadas experiências práticas. Elas ajudam a desenvolver o espírito científico, testar hipóteses, discutir com os colegas para comprovar as ideias. Essa é uma postura investigativa que pode ser levada para toda a vida.

- Laboratórios e oficinas de mídia-educação

Como fazer para que crianças e jovens, em vez de receberem a informação passiva da TV e da internet, se tornem usuárias críticas e criativas dos meios de comunicação e das tecnologias? Como assegurar a inclusão de todos no mundo das tecnologias? Para responder a essas questões, muitas escolas montam laboratórios em que alunos podem experimentar o lado da produção de mídias, fazendo filmes, desenhos animados, programas de entrevistas etc. Por exemplo, numa escola o professor pediu aos alunos que inventassem um anúncio comercial de um produto so, para tentar vender de qualquer jeito. Depois debateu com os estudantes como algumas mentiras podem ser contadas através dos meios e como se proteger das estratégias do marketing enganoso. Atividades como essas estimulam a criatividade, desenvolvem habilidades de comunicação nas diversas linguagens, além de despertar novos talentos.

■ Novos ambientes de aprendizagem

As novas formas de ensinar pedem uma aprendizagem em outros espaços, para além da sala de aula. Alguns exemplos possíveis: salas de leitura com almofadas e sofás nos quais as crianças e jovens podem ler de modo mais confortável; bibliotecas com terminais de computadores em rede, para pesquisar livros de outras bibliotecas virtuais do mundo; salas de robótica nas quais os alunos aprendem programação e movem robôs com controles remotos; hortas plantadas no jardim da escola, nas quais os estudantes aprendem sobre cultivo de verduras e legumes e outros temas implicados (alimentação saudável, economia doméstica etc.).

Na sala de aula do futuro, a tecnologia vai substituir o professor?

Não. O papel do professor será até mais valorizado, como formador em valores, na ética e na cidadania, o que nenhuma máquina pode fazer.

16
Qual é a nota da escola?

No Brasil, existe um sistema de avaliação das escolas públicas e particulares. É o IDEB – Índice de Desenvolvimento da Educação Básica, o principal medidor da qualidade da educação brasileira. É uma espécie de radiografia da educação.

DICAS PRÁTICAS

- Estimule o seu filho a fazer as avaliações ligadas ao IDEB. Essa é uma ferramenta que interessa a todos.
- Consulte as notas da escola e a média do seu estado na internet.

O IDEB interessa:

- A você, pai, que pode ver o desempenho das escolas e cobrar melhorias dos diretores e dos governantes.
- Aos professores e diretores das escolas, que têm um retrato do resultado de seu trabalho e podem aprender com experiências de outras instituições.
- Aos governantes, para direcionar as políticas públicas.

Como a nota do IDEB é calculada?

Essa nota é composta por estes dados:
- *Taxa de rendimento escolar (aprovação e evasão).*
- *Desempenho dos alunos no SAEB – Sistema de Avaliação da Educação Básica.*
- *Prova Brasil.*

COMO O BRASIL ESTÁ COM RELAÇÃO AOS OUTROS PAÍSES?

No IDEB de 2009 o Brasil ficou, tanto no Ensino Fundamental como no Ensino Médio, com uma média abaixo de 5,0 – enquanto em países desenvolvidos, em exames similares, a média é superior a 6,0.

Isso acontece porque a educação pública, no Brasil, ainda tem muitos problemas.

Veja alguns deles:

- ☹ Grande número de alunos fora da série que deveriam estar, com atraso escolar.
- ☹ Alto índice de repetência.
- ☹ Infraestrutura precária de muitas escolas públicas.
- ☹ Falta de professores e de recursos.
- ☹ Má gestão das escolas e dos sistemas de ensino em muitos estados e municípios.

Mas nem tudo depende da escola! Outros fatores estão relacionados ao baixo desempenho, como as condições sociais e econômicas das famílias, alimentação, saúde e moradia, além da baixa instrução dos pais, a cultura de estudo em casa etc.

Para melhorar a posição do país no ranking da educação, não basta treinar os alunos para fazer as provas. É preciso cuidar das desigualdades sociais e econômicas.

OBSERVE O DESEMPENHO DOS ALUNOS DA ESCOLA NO INGRESSO AO ENSINO SUPERIOR

Uma boa escola tem que oferecer a preparação necessária para os exames de ingresso à universidade. O que menos você pode esperar? Todo aluno deveria concluir o ensino médio preparado para se sair bem no vestibular, se desejasse cursar o ensino superior.

Mas cuidado: não é adequado transformar a escola numa espécie de cursinho pré-vestibular, em que os alunos fazem "simulados" sem parar e são treinados o tempo todo para fazer provas.

O ingresso à universidade está mudando. Cada vez mais instituições usam a nota do ENEM, o Exame Nacional do Ensino Médio, para selecionar seus alunos.

Antes passar no vestibular exigia uma maratona de decoreba de conteúdos pontuais, treinamento com professores de cursinhos. Depois o aluno esquecia tudo. O ENEM e os vestibulares mais atuais avaliam leitura e interpretação de textos, domínio de linguagens, raciocínio, conhecimento aplicado a situações-problema. Ainda há conteúdos em excesso, mas a proposta é interdisciplinar e mais contextualizada.

De qualquer forma, se a escola oferece uma formação abrangente e consistente, ajuda o aluno a fazer um plano de estudos, e ele estuda regularmente, os bons resultados em provas externas são uma consequência natural.

17
Escola pública ou particular?

Você tem à mão um exemplar da Constituição Federal do Brasil? Poderá comprovar que ela reza que a educação é um dos direitos sociais de todo cidadão, e o Estado tem o dever de garantir um ensino público de qualidade.

Mas na prática... O fato é que o Brasil ainda não atingiu um padrão de qualidade na educação pública no mesmo nível de outros países que têm a mesma força econômica.

No IDEB, que você conheceu melhor no capítulo anterior, as notas das escolas particulares têm sido 50% superiores às das públicas, segundo o MEC.

Veja este gráfico comparativo:

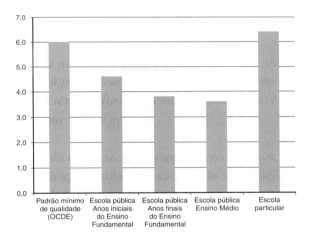

Desempenho das escolas brasileiras – IDEB 2009 (divulgado em 2010)

A OCDE – Organização para Cooperação e Desenvolvimento Econômico define a nota 6 como o padrão mínimo aceitável para seus membros, as trinta nações mais desenvolvidas do planeta. A escola pública brasileira está abaixo dessa meta, enquanto a média das notas das escolas privadas consegue superá-la.

Como você viu no capítulo anterior, os problemas do ensino público são muitos e difíceis de superar em pouco tempo. Há perspectivas, sim: nos últimos anos houve mais investimentos na área educacional, o que vem gerando melhorias, ainda que lentamente.

Um exemplo: o índice de analfabetismo foi muito reduzido. Além disso, hoje quase todas as crianças em idade escolar estão matriculadas na educação básica. Mas ainda há muito a ser feito.

É verdade que há exceções. Existem municípios que se destacam, há escolas públicas de alta qualidade, com excelentes professores e uma gestão democrática e participativa, ou seja, abertas à participação dos pais quando é preciso tomar decisões e estudar melhorias.

Os alunos saem bem preparados dessas escolas. Muitas delas alcançam ótimos resultados nas avaliações da educação nacional, ficando à frente inclusive de escolas particulares dos seus estados e municípios. Seus alunos são aprovados em concursos públicos e em exames de seleção para a universidade.

Por outro lado, também vale lembrar que existem escolas particulares que não atendem o padrão mínimo. Você conhece alguma família que tirou seus filhos da escola particular para matricular na escola pública? Eu conheço! Eles não fizeram isso por problemas financeiros, e estão muito satisfeitos. São os pais de Bernardo e Catarina. Conversei com a mãe e ela me contou: "Os livros recomendados para leitura são de bons autores nacionais, a biblioteca tem ótimos recursos e as aulas são cheias de atividades: esta semana meu filho visitou um museu e compreendeu melhor as relações entre as obras de arte e cada período da história."

Infelizmente, nem sempre é fácil matricular o filho numa escola pública reconhecida pelos bons resultados. As vagas são muito disputadas. Não conseguindo entrar, as opções são: buscar outra escola pública e entrar num movimento de exigência de qualidade e acompanhamento rigoroso das melhorias, ou, tendo recursos, partir para um estabelecimento particular.

Nas escolas particulares, além da mensalidade, serão necessários outros investimentos, como, por exemplo, uniforme, material didático, atividades extras, lanche. Um gasto total de R$ 800,00 por mês, por exemplo, significa R$ 115.200,00 em doze anos de escolaridade. E provavelmente haverá reajustes periódicos.

> Se você optar por matricular seu filho numa escola particular, esteja atento ao planejamento de longo prazo. Comece a reservar os recursos desde cedo, para evitar imprevistos.

A diferença entre a escola pública e a particular não é só o fato de pagar ou não as mensalidades. Veja no quadro que se segue alguns elementos para comparação entre as duas.

ITEM	ESCOLA PÚBLICA	ESCOLA PARTICULAR
Custo	Não há mensalidade. É financiada sobretudo com os recursos dos impostos que o cidadão paga.	Há mensalidade e taxa de matrícula. O valor das mensalidades varia muito, conforme os serviços que a escola oferece.
O que se ensina	No currículo existe uma presença forte de autores, personagens e aspectos da cultura nacional, embora isso não seja uma regra. Isso valoriza a identidade e a cultura local.	Cumpridas as exigências do currículo básico, existe uma tendência a incorporar outros elementos, inclusive de outras culturas, conforme seja a linha da escola. Mas isso não é uma regra geral.
A quem pertence	Como o nome diz, é de todos, por isso a tendência é que a gestão seja democrática, com os pais participando nas tomadas de decisão.	É gerida pela iniciativa privada, pertencendo a um dono, uma mantenedora, um grupo etc. Em geral, as decisões são restritas aos proprietários ou dirigentes da escola, mas há exceções.
Recursos	Recebe investimentos do poder público para melhorias no funcionamento. Ainda assim, por diversos fatores, nem sempre os recursos (instalações, laboratórios, funcionários, materiais etc.) são adequados ou suficientes.	Em geral se mantém com recursos das mensalidades, e as melhorias dependem da gestão desses recursos. Em tese, quanto mais altas forem as mensalidades, maiores as possibilidade de investimento em instalações, serviços e formação e remuneração para os professores.
Professores	O professor é um funcionário admitido em concurso público, com estabilidade na função. Em muitos estados há uma política de metas para sua atuação. A capacitação cabe aos órgãos públicos.	São funcionários contratados, podendo haver demissões pelo não atendimento de padrões de qualidade e outros motivos, a critério da instituição. A capacitação é assumida pela instituição, e os processos são muito variados.
Perfil institucional	É uma organização sem fins de lucro, cumprindo uma função social.	Pode ter ou não finalidade de lucro. Por ser um empreendimento privado, responde às pressões de mercado e dos pais dos alunos (seus clientes).
Segurança	Tendência a ser mais aberta à comunidade, o que exige processos específicos de controle, que nem sempre estão estruturados.	Costuma ter processos mais rígidos de segurança e controle, embora isso possa variar em função do estilo de cada escola.

ENTENDA A GESTÃO DEMOCRÁTICA DA ESCOLA

O conceito de gestão democrática da escola é mais comum no ensino público, mas há algumas escolas particulares que têm experiências positivas nessa linha.

Uma escola com gestão democrática é aquela que conta com mecanismos legais e institucionais e ações organizadas para viabilizar a participação social no planejamento, na tomada de decisões, na execução das políticas e na avaliação da instituição.

A gestão democrática das escolas é incentivada pela Lei de Diretrizes e Bases da Educação Nacional.

Você já pensou que dirigir uma escola é um ato político? Implica tomada de decisões que não deveriam ser individuais, mas coletivas. Nas escolas com gestão democrática, todos participam da construção do Projeto Político-Pedagógico, através de representantes. E a administração escolar se entende como uma reunião de esforços para implementar adequadamente esse Projeto. Assim, a própria vivência das relações e práticas escolares é uma oportunidade para a formação e o exercício da cidadania.

Veja os princípios da gestão democrática da escola:

Descentralização → as decisões são tomadas e executadas de um modo não hierarquizado (ou seja, elas não vêm "de cima para baixo").

Participação → todos participam da gestão: professores, alunos, funcionários, pais, pessoas da comunidade que interagem com a escola.

Transparência → as decisões tomadas ou postas em prática precisam ser conhecidas por todos.

Veja algumas das características das escolas que adotam o modelo de gestão democrática:

Conselho Escolar	
	• Colegiado com membros de todos os segmentos da comunidade escolar, com a função de gerir coletivamente a escola.
	• Deve discutir os problemas concretos da escola e do lugar em que esta se insere, com a participação de todos.
	• Todos os segmentos da comunidade escolar devem estar representados, eleitos por votação.

Continua

Continuação

Projeto Político-Pedagógico construído de forma participativa	• O Projeto Político-Pedagógico será tanto mais eficaz quanto mais participativa for a sua construção e quanto mais a comunidade escolar se apropriar dele. • Deve ter uma linguagem acessível, para ser compreendido por todos. • É fundamental: que todos se sintam corresponsáveis pela sua implantação; que tenha suporte financeiro para ser colocado em prática; que haja uma avaliação permanente para verificar se os objetivos estão sendo atingidos; e que tenha o apoio institucional das lideranças.
Definição e fiscalização da verba pela comunidade escolar	• Nas escolas públicas, essa é uma grande contribuição dos pais para a qualidade do ensino. • Quando os pais fiscalizam como o dinheiro do governo ou deles próprios é aplicado, aumenta a probabilidade de que os gastos sejam mais racionais e eficazes.
Avaliação institucional da escola	• Todos são avaliados: direção, professores, alunos, funcionários, equipe técnica.
Eleição direta ou processo seletivo para diretor	• O processo em geral tem relação com a implementação do Projeto Político-Pedagógico, pois a lógica é que seja escolhido ou selecionado tecnicamente o profissional que pode contribuir melhor para a sua implementação. • Em muitos estados, somente pode ser diretor quem é selecionado por meio de prova técnica ou concurso, demonstrando competências para tal. • Na escola particular, são poucas as instituições cujo diretor é eleito pela comunidade educativa, pois os modelos de gestão são diferentes.

SEU FILHO TEM DIREITO A UMA EDUCAÇÃO DE QUALIDADE

Se você optar por uma escola pública, fique atento a seus direitos como cidadão. É lei, e seu filho tem direito a:

- Uma vaga na escola, no nível escolar em que ele estiver.
- Uma vaga na escola regular, mesmo se ele tiver uma deficiência.
- 200 dias letivos por ano e um mínimo de quatro horas por dia de aula.
- Alimentação balanceada no período das aulas.

- Material didático de qualidade.
- Reuniões dos pais com professores e direção.
- Um processo educacional de qualidade.

E você, como pai, tem o direito de ser recebido pela escola sempre que quiser apresentar alguma questão.

Esteja seu filho numa escola pública ou particular, assuma seu papel como cidadão: engaje-se na mobilização social por uma escola pública de qualidade. Nosso país somente poderá ter um crescimento consistente se a educação melhorar.

É certo escolher a escola buscando bons relacionamentos para os filhos?

Num mundo marcado pelas redes, no qual relacionamento é importante na vida pessoal e profissional, alguns pais pensam na escola como oportunidade de desenvolver bons contatos para os filhos, ou network.

De fato, muitas vezes, uma amizade da escola é levada para toda a vida. Há contratos que são realizados entre empresários que eram amigos desde o colégio e de empregos que são conseguidos através de redes de relacionamento. Também existem casos de colegas de turma que namoravam desde crianças e acabaram casando.

Mas cuidado! Conheci casos de jovens que saíram da escola com relações muito importantes, mas sem as competências necessárias para assumir desafios profissionais de peso.

Embora relevante para algumas famílias, o critério de "quem frequenta" nunca deveria ser o único, e nem mesmo o principal, para a escolha de uma escola – sobretudo se essa avaliação for baseada no status social.

18
Quando optar por uma escola religiosa?

Você sabe o que é uma escola confessional?

Escolas confessionais, também chamadas de escolas religiosas, são aquelas que baseiam os seus princípios, objetivos e forma de atuação numa religião.

Muitos pais buscam escolas religiosas pela qualidade ou por tradição familiar (eles estudaram nessa mesma escola, ou seus pais), ou porque se identificam com uma religião; ou, ainda, porque muitas vezes existe uma imagem na sociedade a respeito dessas escolas, que são consideradas sérias, tradicionais, focadas na formação em valores.

De fato, como muitas dessas escolas são dirigidas por religiosos ou representantes das religiões que dão um norte ao trabalho, elas procuram seguir a inspiração e o chamado carisma do fundador. E o fundador de uma religião é, em geral, alguém idealista, engajado na causa por determinados valores humanitários. Normalmente a filosofia educacional herda os princípios pregados pelo fundador e a escola busca adaptar a sua pedagogia a esses princípios, fazendo uma releitura adequada ao mundo de hoje e ao homem e à mulher de nosso tempo.

A escola confessional baseia seu modo de educar e seus valores numa religião, e dá importância ao desenvolvimento do sentido religioso e do senso moral.

Em muitas escolas confessionais são respeitadas as diferenças de crenças entre os alunos, e a instituição aceita filhos de famílias que têm uma crença religiosa diferente. Mas, de qualquer forma, a educação será sempre marcada por uma maneira de entender quem é o ser humano, e sempre com relação a uma visão de Deus. Já nas escolas laicas, a proposta será determinada só pelas correntes pedagógicas.

DESAFIO

Quais são os principais diferenciais de uma escola confessional? Liste alguns deles e, em seguida, analise o quadro. Veja se concorda ou discorda do que é apresentado.

ESCOLAS CONFESSIONAIS

Tradição educativa → Uma escola confessional não nasceu ontem, em geral ela herda uma tradição construída ao longo de vários séculos.

Segurança econômica → Muitas das escolas confessionais pertencem a congregações ou igrejas que têm presença em vários países do mundo e, além disso, funcionam com o amparo de uma instituição mantenedora, o que sugere uma solidez financeira maior e menos risco de fechamento ou de falência.

Inspiração nos valores de um fundador, em geral admirável.

Seriedade no trabalho, até porque a educação é vista como uma missão de vida, o que exige compromisso pessoal, dedicação, qualidade.

Propostas de educação personalizada → Em geral, escolas confessionais partem de princípios de respeito ao ser humano, o que deve se refletir no tratamento dado ao aluno.

Oportunidades de formação espiritual e de desenvolvimento da dimensão contemplativa → Interessante para contrabalançar com um contexto como o de hoje, tão marcado pelo imediatismo, pelo pragmatismo, pelos resultados alcançados a qualquer preço.

Proposta de formação integral → Em geral, escolas confessionais têm em seu currículo oportunidades de educação inspiradas no padrão mais clássico, com atividades ligadas às artes, como música ou teatro.

Você já viu alguns diferenciais das escolas religiosas. Por outro lado, se tem interesse em matricular seu filho numa escola confessional, fique atento a estes pontos:

- Hoje há menos vocações religiosas, e, com isso, os líderes são ou serão leigos, ou seja, homens e mulheres sem opção de vida religiosa. As congregações ou igrejas devem dedicar atenção e investimentos para formar adequadamente esses leigos, de acordo com os princípios filosóficos da instituição.
- Como as escolas confessionais existem em função de uma missão, com uma inspiração espiritual, muitas delas não dão suficiente importância à necessidade de uma gestão profissionalizada e a aspectos empresariais.
- As escolas confessionais têm fama de ser rígidas, mas hoje elas se atualizaram. Verifique se a escola equilibra o passado e o presente.
- Muitas das escolas confessionais pertencem a instituições com vários séculos de história, e as mudanças podem demorar mais, porque colocam em risco a tradição. Verifique se a instituição é aberta à inovação.

O QUE DIZEM OS PAIS DOS ALUNOS

Conversei com alguns pais de alunos de escolas religiosas para que eles explicassem por que procuraram essas instituições. Veja um resumo do que eles falaram:

– Sou interessado numa formação humanista e quero uma escola que consolide a formação religiosa que dou em casa.

– Nas aulas de Religião, meu filho trabalha com conceitos como amor ao próximo, solidariedade e respeito, e acho isso fundamental numa época em que prevalecem o egoísmo, o individualismo e o materialismo.

– Quero que meu filho tenha conhecimento dos principais ensinamentos dos livros da nossa religião e conheça as tradições da nossa família.

19

Quando optar por uma escola bilíngue?

Do you speak English? Desde quando?

Faz a maior diferença quando se aprende uma segunda língua desde criança, não acha?

Por essa razão, entre outras, muitos pais buscam escolas bilíngues.

As escolas bilíngues interessam também às famílias estrangeiras que vão morar por um período no país e desejam ter o mínimo de diferença cultural e a menor perda no ensino do idioma materno da criança.

Essas escolas costumam ser bastante exigentes na parte acadêmica. Além disso, o aluno quase sempre adquire mais fluência e domínio da língua do que quando tem só algumas horas de aula de idiomas por semana.

Por oferecerem opções diferenciadas de ensino, essas escolas costumam ser bastante valorizadas. As mensalidades, muitas vezes, ficam acima da média das demais, e seus processos seletivos são bastante rigorosos.

ENTENDA A DIFERENÇA

Escolas internacionais → só se fala a língua nativa do país de origem da escola, e o calendário letivo, as aulas e o currículo seguem o modelo daquele país.

Escolas bilíngues → utilizam as duas línguas, a nativa e a do país em que a escola está situada, e não necessariamente seguem currículos e calendário do país de origem.

DESAFIO

Que tal fazer uma lista dos diferenciais das escolas bilíngues?
Em seguida analise o quadro proposto e veja se concorda ou discorda do que é apresentado.

ESCOLAS BILÍNGUES

Ênfase no ensino de um idioma estrangeiro, com probabilidade de o aluno adquirir maior fluência e um domínio natural dessa língua.

O domínio de uma língua estrangeira é um diferencial importante no mercado de trabalho. Além disso, há estudos que defendem que crianças que aprendem outras línguas desde cedo ampliam as suas potencialidades comunicativas e de relacionamento. Psicólogos afirmam que existem diferenças na mente de quem é bilíngue desde pequeno, pois há mobilização de diferentes áreas do cérebro. Neurologistas explicam que essas crianças aprendem desde cedo a lidar com os ajustes de palavras e as regras do idioma de acordo com cada interlocutor.

É similar a estudar fora do país, pois em geral essas escolas seguem rotinas e procedimentos típicos do país de origem, mesmo que o currículo e o calendário cumpram as diretrizes brasileiras.

Permitem maior experiência multicultural, pois a criança provavelmente irá conviver com crianças de outros países. Num mundo globalizado, viver essa experiência desde cedo pode ser interessante.

Especialmente positivo para famílias estrangeiras ou para pais que mudam de país com frequência, como é o caso de diplomatas, entre outros.

Interessante também para pais que pensam enviar seus filhos para estudar no exterior, como uma forma de preparação ou ambientação.

Você já viu alguns diferenciais das escolas bilíngues. Por outro lado, se tem interesse em matricular seu filho, fique atento a estes pontos!

- Um idioma não é algo isolado no espaço: ele vem acompanhado de uma bagagem cultural. Verifique se ela é compatível com os valores que você deseja cultivar em casa.
- Pode ocorrer certo choque cultural, sobretudo para crianças brasileiras, que passam a ser educadas a partir de padrões próprios de outros países. Mas, de acordo com especialistas, isso não necessariamente abala a identidade cultural.

- Verifique se conteúdos relevantes para a realidade local, como por exemplo o ensino da língua portuguesa, são tratados com suficiente atenção.
- Escolas bilíngues costumam ser mais caras e exigem alto poder aquisitivo, já que parte do material é importada e os profissionais são diferenciados.
- Se seu filho vai fazer vestibular no Brasil, verifique se é necessária uma formação complementar com conteúdos locais.

Uma criança pode ser alfabetizada ao mesmo tempo em dois idiomas?

Não há consenso entre os especialistas sobre a conveniência de uma criança ser alfabetizada ao mesmo tempo em dois idiomas. Cada criança deve ser acompanhada de modo personalizado.

20

Quais são as vantagens das escolas com tempo integral?

Na primeira parte deste livro você refletiu sobre formação integral. Mas cuidado para não confundir: uma coisa é formação integral, e outra, escola de tempo integral.

Formação integral → Cuidar de todas as dimensões da formação da pessoa.
Ensino de tempo integral → O aluno fica mais tempo na escola. Em geral, entra de manhã e sai no meio ou no final da tarde.

Veja quantas vantagens existem quando a criança fica mais tempo por dia na escola:

☺ **Mais oportunidades para aprender**
Além dos conteúdos tradicionais, tem atividades complementares.

☺ **Mais ambientes de aprendizagem**
Não se aprende só na sala de aula, mas em outros espaços.

☺ **Acompanhamento mais completo e melhor uso do tempo**
Educadores ajudam a organizar a agenda, com tempos para descanso, lazer, estudo, esportes.

☺ **Alimentação adequada**
Em muitas escolas as refeições têm a supervisão de nutricionistas.

☺ **Menos estresse e mais segurança**
O que a criança faria em cursos fora, faz dentro da escola. Em vez de estar exposta a situações de violência do entorno, está exposta a mais oportunidades de aprendizagem.

☺ **Mais qualidade no tempo com a família**
Como o aluno estuda na escola, o tempo de casa é para conviver.

☺ **Melhor rendimento**
Em geral, crianças que passam o dia na escola alcançam notas mais altas e faltam menos.

O sistema de tempo integral é uma realidade em outros países. No Brasil, a Lei das Diretrizes e Bases da Educação Nacional determina que a jornada escolar tenha pelo menos quatro horas de trabalho efetivo em sala de aula, mas seja progressivamente ampliada. Só que poucos estados brasileiros avançaram nesse projeto.

As escolas com jornada integral têm um custo mais alto, porque gastam mais: alimentação, acompanhamento, disciplinas complementares, atividades e espaços diversificados etc. Em contrapartida, os pais evitam gastos extras com formação fora da escola.

Agora atenção! Educação em tempo integral não é só aumentar as horas na escola. Não adianta oferecer mais da mesma coisa. Fique atento:

- No período integral, a escola precisa prever atividades variadas, com horários para estudo individual e também tempos livres para brincar e para descansar. Horário integral não é aula o tempo todo.
- Nas escolas com período integral, as atividades fora da sala de aula também precisam ser monitoradas por educadores com a devida formação. Não é bom deixar os alunos só com funcionários sem qualificação ou com estagiários.
- Educação integral tem que considerar não só conteúdos, mas sim formação de todas as dimensões da pessoa.

Ficar mais tempo por dia na escola só tem sentido com base numa proposta de formação integral da pessoa.

APÊNDICE:

COMO SABER O MOMENTO DE MUDAR DE ESCOLA?

Mudar seu filho de escola é uma decisão difícil, a não ser quando motivada por fatores externos ao processo educativo, como por exemplo se a família precisa se mudar de cidade, ou rever o orçamento.

Se você dedicou um bom tempo para avaliar e optou por uma escola, dê um voto de confiança. Não troque de colégio diante da primeira dificuldade ou do primeiro conflito – principalmente com crianças menores.

Conheci um casal que estava muito preocupado com o ritmo da escola, porque percebia que o filho, Fernando, andava muito estressado, sempre correndo atrás de algum trabalho, com sobrecarga de atividades. Os pais quase o transferiram para outra escola, mas, antes, resolveram pedir o parecer de um psicólogo.

Esse profissional os ajudou a perceber que, na verdade, a exigência estava mais na quantidade de atividades extras que os próprios pais haviam colocado na agenda do filho. O que ele precisava era apenas rever a programação de fora da escola. Feito isso, tudo se acertou.

Outra família me contou o caso de Fabíola. Achavam que ela não havia conseguido se enturmar com os colegas e pensavam em buscar outra escola que se encaixasse melhor ao seu temperamento. A orientadora educacional da instituição pediu que eles esperassem alguns meses, pois estava chegando a festa junina, que mobilizava todos os alunos na preparação, e ela poderia observar o que acontecia no relacionamento com Fabíola.

Acabou que a menina se envolveu tanto na organização da festa que o relacionamento fluiu naturalmente. Como era filha única e morava num condomínio com poucas crianças, faltava a ela só um pouco mais de experiência na interação com outros meninos e meninas.

Já no caso de filhos adolescentes, quando eles pleiteiam a possibilidade de mudar de escola, essa ideia pode ser positiva. É uma oportunidade para trazer novos conhecimentos, ter contato com outras pessoas e ampliar a visão de mundo. Não há uma obrigatoriedade de que uma criança ou um jovem frequente a mesma escola desde o pré-escolar até o final do Ensino Médio.

Se você pretende mudar seu filho de escola, é preciso que avalie e amadureça a ideia com cuidado, para que tudo transcorra da melhor forma.

Veja alguns critérios que você deve levar em conta. Pense seriamente em mudar o seu filho de escola quando:

- Existe um problema sério para você ou seu filho, e vocês já esgotaram todas as possibilidades de diálogo com a escola, sem solução.
- O clima na instituição é pesado ou agressivo, com violência física ou psicológica, fofocas, competição e outros comportamentos pouco construtivos.
- Você não se identifica com os valores que a escola promove (por exemplo, você quer formar para cooperação, e a escola só pensa em rankings dos melhores alunos e estimula a competição permanente).
- Você matriculou seu filho esperando uma coisa e na prática tudo acontece diferente do que está no Projeto Político-Pedagógico.
- Você não gosta das companhias que seu filho encontra na escola, considera que seus colegas são influências muito prejudiciais e não vê possibilidade de mudanças.
- Seu filho é vítima de agressões como *bullying* e, apesar de suas intervenções, a escola não soluciona o problema.
- Você comprova uma incompatibilidade entre o modo de ser do seu filho e os métodos didático-pedagógicos da escola. Por exemplo: seu filho não lida bem com pressão, e a escola é tão rígida que acaba gerando uma "trava" para o aprendizado; ou seu filho demanda uma atenção muito personalizada, e ele se sente perdido em turmas que têm muitos alunos.
- Seu filho se sente infeliz, desmotivado e continuadamente sem vontade de ir para a escola, embora se mostre bem quando vai para outros lugares.

APRENDENDO COM CASOS CONCRETOS

Lembro-me de um caso em que os pais procuraram a escola para pedir que seu filho fosse mudado de turma. Eles achavam que a turma dele era muito indisciplinada, e na outra, na qual inclusive estudavam seus primos, ele poderia ficar com crianças mais calmas.

A escola não atendeu ao pedido, e os pais ficaram muito irritados. Mas acontece que a escola pode ter seus critérios para formar as turmas de determinado modo, fundamentados por razões pedagógicas.

Veja só: é preciso que, em cada turma, haja um equilíbrio dentro da heterogeneidade.

Traduzindo: a composição da turma tem que dosar algumas crianças mais irrequietas, outras mais calmas; crianças com potencial de aprendizagem mais desenvolvido com outras que podem ser um pouco mais lentas em determinadas disciplinas.

Essa arquitetura ajuda a equilibrar as turmas dentro de uma série. Imagine, por exemplo, se todos os alunos inquietos fossem colocados na mesma sala de aula e todos os calmos em outra. Isso pode parecer, à primeira vista, muito atraente para os pais dos alunos calmos, mas em longo prazo com certeza não será o melhor para a sua formação global.

Crescer como pessoa envolve saber lidar com as diferenças, interagir com outros temperamentos, saber construir a identidade dentro de um grupo que tem múltiplas características – como será necessário também no trabalho e ao longo da vida.

O mesmo vale para quem pede que seu filho estude na mesma sala dos parentes e amigos. A escola é um espaço de socialização, no qual a criança precisa aprender a se abrir aos demais, interagir com outros e comunicar-se em situações novas, fora do seu universo familiar, no qual ela se sente segura e protegida.

Embora a interação com colegas novos possa parecer desconfortável num primeiro momento, ela é uma oportunidade de aprendizagem e desenvolvimento de competências de relacionamento interpessoal muito mais rica. Isso vai se confirmar, em longo prazo, com o crescimento do estudante e seu trânsito natural em outros círculos de interação social.

Moral da história: quando procurar a escola para apresentar alguma queixa, considere que nem sempre você será atendido. Se você acredita que se trata de uma boa instituição, certamente há alguma razão para isso e você poderia, em princípio, dar-lhe um voto de confiança. Avalie a justificativa da escola em cada caso.

DICAS PRÁTICAS

- Nunca mude seu filho de escola sem, antes, expor à instituição o seu ponto de vista e dar-lhe um voto de confiança.

- Nunca menospreze o pedido de seu filho: se ele quer mudar de escola, converse para entender as razões e o que está acontecendo.

- Nunca matricule seu filho numa nova escola sem ter o mesmo cuidado para avaliá-la com critérios consistentes e pesar os prós e os contras dessa mudança.

- Procure levar em conta o calendário do ano letivo, fazendo a mudança de escola no final do ano ou no final do primeiro semestre.

- Estimule seu filho a, depois de mudar de escola, manter contato com os amigos que deixou na instituição anterior.

BÔNUS:

GUIA PRÁTICO PARA ESCOLHER UMA CRECHE OU PRÉ-ESCOLA

Passo 1: Visite a creche e verifique como é recebido
A avaliação começa pela recepção. Como vocês são tratados na portaria, como são acolhidos. Nas boas escolas e creches, todo ambiente é um espaço de educação. Se os visitantes são tratados com indiferença, pouca gentileza ou impaciência, isso pode indicar que o clima não é bom. Todo funcionário, seja qual for o seu cargo ou local de trabalho na escola, também é um educador. Por isso, deve transmitir cordialidade, afabilidade, respeito pelos demais.

Passo 2: Percorra os principais locais junto com seu filho
Leve a criança para conhecer a pré-escola. Ela se sentirá mais amparada nesse ambiente, que vai ser o primeiro em que ficará sozinha, longe do ambiente familiar. Você pode guiá-la nesse espaço novo, mostrando os locais mais interessantes, de uma forma positiva. Mesmo com crianças muito pequenas, que ainda não têm suficiente compreensão, essa visita guiada é benéfica, pois a criança se sentirá mais familiarizada com o espaço e poderá ter lembranças de que aquele é um lugar em que esteve com a família.

Passo 3: Avalie a creche ou pré-escola com uma lista de critérios

- Projeto educativo.
- Qualificação dos educadores.
- Espaço físico adequado, com ar livre e espaço para brincar.
- Espaço suficiente, para que a criança se sinta confortável.
- Referências positivas de outros pais com filhos na instituição.
- Localização (melhor se for próxima da residência ou nas redondezas).
- Processos estruturados para o caso de emergências e controle da segurança.
- Banheiros limpos, equipados com acessórios que estejam ao alcance das crianças.
- Brinquedoteca com brinquedos que estimulem a aprendizagem.
- Estrutura segura para evitar acidentes (pisos antiderrapantes nas partes em que é possível cair, corrimão nas escadas etc.).
- Atividades diversificadas, como sala de música ou espaço para artes.

Passo 4: **Leia a proposta pedagógica**

Verifique se o que a escola deseja é o mesmo que você deseja para seu filho. Por exemplo: você acredita que a criança deve brincar o tempo todo, ou já pode aprender coisas? Acha que é importante que haja aulas de artes, como música ou pintura? Você deseja que haja momentos de socialização entre meninos e meninas? Pensa que as crianças devem ter acesso a equipamentos eletrônicos? E assim por diante. Não existe uma creche boa para toda e qualquer criança. Busque a sintonia entre o que a família quer e o que a creche ou pré-escola pode oferecer.

Passo 5: **Observe o comportamento dos educadores**

É difícil avaliar profissionais simplesmente pela observação ou por uma entrevista numa única visita. Só no dia a dia você poderá perceber se os educadores fazem um trabalho satisfatório. No entanto, são sinais positivos: paciência, afabilidade, cordialidade, tranquilidade, entusiasmo.

Passo 6: **Contenha a ansiedade na fase de adaptação**

Os pais precisam conter a ansiedade, apoiar a criança nos primeiros dias, mas não se apavorar se houver resistência ou problemas iniciais de adaptação. A adaptação é um processo. O ideal é que vocês sigam a orientação dos próprios educadores da creche sobre como proceder para apoiar o trabalho e tenham tranquilidade, pois em geral, a adaptação ocorre naturalmente.

Passo 7: **Depois de matricular seu filho, observe a sua reação no momento de ir à creche ou pré-escola**

Um dos sinais mais importantes é a reação da criança no momento de ir à creche. Claro que no início há um período de adaptação, que pode durar algumas semanas ou, em alguns casos, até alguns meses. Mas depois a criança passa a ver a ida à creche ou pré-escola com naturalidade e mesmo com prazer. É o lugar em que ela vai encontrar colegas e amigos, brincar e aprender coisas novas, ser orientada por adultos que cuidam dela. Se a criança mostra resistência sistemática no momento de sair de casa, isso pode ser um sinal de que algo não vai bem, seja em relação ao trabalho dos educadores, seja no relacionamento com outras crianças.

Passo 8: **Converse com outros pais e também com a creche/pré-escola**

É importante que os pais e responsáveis estejam sempre trocando ideias com outros pais que têm filhos na mesma creche e que estabeleçam um diálogo com os educadores, participando das reuniões e das demais atividades abertas.

PARA VOCÊ LEMBRAR

- A escolha da escola é decisiva na construção de uma história de sucesso para seu filho. Ela é o seu parceiro na educação.

- Cada família, dependendo do seu perfil e das necessidades de cada criança/jovem, deve avaliar qual é a escola mais adequada para o seu caso.

- Dez critérios importantes para escolher uma escola são: Afinidade com o Projeto Político-Pedagógico; Clima da instituição; Relacionamento da escola com as famílias; Espaço físico adequado; Recursos e equipamentos; Qualificação dos educadores; Cuidados com a saúde e segurança; Alinhamento com as tendências da educação de hoje; Localização; Nota nas avaliações públicas.

- Ao escolher a escola, parta da pergunta: "Como eu gostaria que meu filho fosse educado?".

- O Projeto Político-Pedagógico indica o modelo de educação que a escola pretende adotar. Conheça esse documento e verifique se você sente afinidade com as visões da escola sobre a pessoa e a sociedade.

- O projeto educativo tem que sair do papel e ser vivido no dia a dia da escola. Um modo de avaliar essa coerência é pelo clima da instituição.

- Se você optar por uma escola particular, faça um planejamento financeiro adequado, considerando o valor total das mensalidades ao longo dos anos de formação.

- Nem sempre a escola particular é melhor do que a pública. Avalie cada caso.

- A gestão democrática da escola promove a participação ativa dos pais na tomada de decisões, juntamente com os demais representantes da comunidade educativa; e é uma oportunidade para o exercício da cidadania.

- As escolas confessionais baseiam seu modo de educar e seus valores numa filosofia religiosa, e dão importância ao desenvolvimento do sentido religioso e do senso moral nos alunos.

- As escolas bilíngues têm o diferencial de potencializar o domínio de uma língua estrangeira. Mas os aspectos culturais precisam ser considerados.

- As escolas de tempo integral podem oferecer um currículo mais variado, com mais oportunidades de aprendizagem, além de acompanhar o aluno de perto.

- Se achar necessário que seu filho mude de escola, avalie com cuidado, para que tudo transcorra da melhor forma. Não escolha a nova escola por impulso, siga critérios de qualidade e de afinidade com a proposta educacional.

PARTE III

Conheça a escola de hoje para conseguir o melhor serviço

"*A educação não muda o mundo. A educação muda as pessoas, e estas sim, mudam o mundo.*"

Paulo Freire (1921-1977)
Educador

Estudo de Caso

Só não gosto das aulas, o resto é ótimo!

Gabriela é uma menina conectada com tudo o que acontece à sua volta. Visita sites com jogos, pesquisa letras de músicas, assiste a um canal de TV que traz descobertas científicas, garimpa aplicativos de I-phone.

Ela tem muitos amigos e diz que adora ir à escola. "Só não gosto de uma coisa no colégio", diz ela. "As aulas. O resto é ótimo!"

Preocupada com o rendimento nas avaliações, Débora, mãe de Gabriela, tem estudado com ela os conteúdos mais difíceis. Veja alguns deles:

– O sistema de irrigação no antigo Egito.

– O que eram as capitanias hereditárias.

– A comparação entre cantigas dos trovadores medievais.

– A fórmula exata de elementos químicos.

Débora estudou esses assuntos na sua época de escola, mas já não lembra mais, até porque nunca mais usou. Então aprende tudo de novo para poder ensinar à filha.

Interiormente, Débora se pergunta: o que aconteceria se a escola trocasse alguma dessas aulas por outras, como por exemplo, "Aulas de vida"? Nelas, o aluno discutiria com os educadores coisas como:

– Como lidar com o fato de que meus pais se separaram?

– Como fazer a minha mesada render para o mês inteiro e ainda sobrar um pouco?

– Como saber se estou sendo vítima de pedofilia? O que devo fazer?

– Por que os adultos fumam e bebem? E eu, como posso evitar as drogas?

Débora fica imaginando como seria bom reinventar a escola para que nela coubessem todos os ensinamentos: os necessários e os imprescindíveis, que ajudassem Gabriela a viver melhor no mundo em que ela vive hoje, tão repleto de incertezas.

A escolha da escola é só o começo. Mesmo que você tenha tomado uma ótima decisão, precisa acompanhar o processo, e a escolha tem que ser continuamente reavaliada.

Para conseguir o melhor da escola, e também para poder apoiar o seu trabalho e ajudar seu filho a alcançar os resultados esperados, é preciso entender um pouco do mundo escolar.

As formas de ensinar vêm mudando nos últimos anos. Você sabe quais são as principais novidades? Quais delas realmente funcionam?

E as notas do boletim, o que elas significam? Como a escola faz a avaliação das competências do seu filho, e até que ponto a nota corresponde à realidade?

Nesta parte do livro você entenderá o mundo da escola de hoje, aprendendo o que pais e mães precisam saber para apoiar e complementar o seu trabalho, e também para avaliar sua eficácia e atualidade.

21

A escola ensina o que meu filho precisa aprender?

Em sua época de aluno, você provavelmente se perguntou para que estudar certos temas, e duvidou se algum dia iria aplicar aquilo tudo. Estou certa de que alguns deles você nunca mais usou!

É pena que, na escola de hoje, isso ainda aconteça. Os alunos estudam muitas coisas desconectadas da realidade, e, embora a maioria dos conhecimentos seja relevante (se não, eles não estariam no currículo), muitas vezes a escola não consegue explicar às crianças e jovens por que e como aplicar o que se aprende, tornando a aprendizagem pouco significativa.

Veja um caso concreto que mostra como a escola está longe da realidade dos alunos.

Certa vez, um professor de Literatura do 1º ano do Ensino Médio incluiu numa prova um poema de Alberto Caeiro (heterônimo de Fernando Pessoa) que inicia com a frase "Aquela senhora tem um piano". A pergunta do teste era: "Que características do texto poderiam comprovar que se trata de um poema do Modernismo português?".

Acontece que, por erro de digitação da Secretaria da escola, na prova o título do poema saiu errado, aparecendo "Aquela senhora tem um poano".

COLÉGIO EDUCA TOP

MATÉRIA: LITERATURA / TURMA: 1º ANO DO ENSINO MÉDIO

AVALIAÇÃO DA APRENDIZAGEM – 3º BIMESTRE

NOME DO ALUNO: _____

Aquela senhora tem um poano
(Alberto Caeiro)

Aquela senhora tem um piano
Que é agradável mas não é o correr dos rios
Nem o murmúrio que as árvores fazem ...

Para que é preciso ter um piano?
o melhor é ter ouvidos
E amar a Natureza.

1) Responda: que características do texto poderiam
comprovar que se trata de um poema do Modernismo
português?

Pois bem, alguns dos alunos responderam que o poema era típico do Modernismo português porque a palavra piano, em Portugal, se escreve "poano".

Será que os alunos eram ignorantes, ou o conteúdo estava distante da realidade deles?

Será que naquela fase de suas vidas podiam compreender e apreciar as nuances de poemas abstratos?

Muitas vezes os conteúdos são válidos e necessários, mas a escola não os aproxima da vida dos estudantes, ou estes ainda não estão prontos para compreendê-los. Então, os alunos simplesmente tentam decifrar o que parece um enigma. Aquela questão de prova era, para alguns, quase uma charada, uma adivinhação à qual responderam "tateando" às escuras para, quem sabe, esbarrar na resposta.

Tudo isso à margem dos belos poemas de Fernando Pessoa, que falam a qualquer idade e a qualquer tempo...! O problema não era o conteúdo, e sim como era ensinado. O método precisava ser adequado aos jovens de 15 anos.

Muitas vezes a criança e o jovem não gostam das aulas porque elas não são adequadas às suas necessidades, seu momento de vida e seus interesses.

ENTENDA O CURRÍCULO DAS ESCOLAS

Muito do que é ensinado nas escolas tem origem em modelos de educação de outros tempos. Cumpriram uma função naquela época, mas será que ainda cumprem hoje?

E mais: você já reparou que matérias como Matemática, Física, Química têm muito mais aulas por semana do que Artes ou Língua Estrangeira? Em muitos vestibulares, as provas dessas disciplinas até têm mais peso. Na escola de hoje prevalecem as ciências e existe pouco espaço para as artes, as literaturas, a dança, a música.

VOCÊ JÁ PENSOU?

Veja que ironia: se o currículo das escolas levasse a uma abertura do pensamento e a uma navegação livre pelo conhecimento, será que iria ser chamado de "grade curricular"?

Não seria mais adequado falar numa rede de conhecimentos?

Além disso, o ensino é muito dividido, principalmente na segunda etapa do Ensino Fundamental, quando começa o parcelamento do tempo do aluno em diversas matérias.

Veja como é a manhã de Gabriela, na sua escola:

HORA	AULA
07:00 – 07:50	Matemática
07:50 – 08:40	História
08:40 – 09:30	Literatura
09:30 – 10:00	Recreio
10:00 – 10:50	Geografia
10:50 – 11:40	Ciências
11:40 – 12:30	Inglês

Essa divisão horária é exaustiva e torna difícil aprofundar os assuntos. Cada professor trata o seu tema isolado dos demais, sem uma visão integrada.

Como essa escola pode preparar para a vida, num mundo em que tudo está conectado: países, pessoas, empresas, numa grande rede de conhecimentos e relacionamentos?

O QUE SE APRENDE NA ESCOLA TEM QUE SER PARA A VIDA

Estudiosos da educação de diversos países do mundo criticam esse modelo escolar há vários anos. No Brasil, várias orientações do Ministério da Educação foram dadas, nas últimas duas décadas, para que as escolas adaptassem seus currículos. Por exemplo, os Parâmetros Curriculares Nacionais (PCNs) e as Diretrizes Curriculares Nacionais para o Ensino Médio (DCNEM).

Não se trata de trocar todos os conteúdos, porque eles têm a sua função. Lidar com fórmulas e equações matemáticas, por exemplo, ajuda a desenvolver mente. Prepara o intelecto para enfrentar desafios de lógica e de raciocínio cada ve mais complexos, estimula a capacidade de abstração. Esses processos mentais sã importantes para a vida, para o pensamento sobre as coisas. E eles são desenvolv dos a partir do estudo dos temas de cada disciplina: a História, a Geografia, a Físic

Os conteúdos que se aprendem na escola ajudam a desenvolver competências.

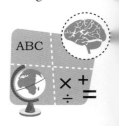

Os conteúdos são os ingredientes das competências. Você aprende a ler, escrever, contar, mas também a comparar, raciocinar, observar, analisar, projetar, e muitas outras capacidades. Você aprende conhecimentos das diversas disciplinas, como Geografia, Ciências, Matemática. Mas a escola precisa ajudar o aluno a ligar tudo isso com as situações da vida.

Você não aprende uma equação de matemática só para saber resolver problemas numa prova e passar de ano. Aprende para aplicar essas habilidades em situações complexas da vida, que vão exigir raciocínio, lógica, comparação, análise.

Por causa desse ensino descontextualizado, é comum vermos casos assim: um excelente aluno na escola, que passou em todas as provas porque acumulou todos os conhecimentos, não consegue usar o que aprendeu em situações reais, em casa, no trabalho, na vida pessoal.

De que competências precisam hoje um jovem que irá buscar emprego, um trabalhador que terá que mudar de cidade, transferido pela empresa, um portador de deficiência, um pai que se separa e deseja manter um excelente relacionamento com os filhos, uma mãe solteira? Será que a escola desenvolve essas competências?

> **Você já pensou?**
>
> A escola do seu filho prepara mais para passar em provas, ou para a vida?

EXEMPLOS DE COMPETÊNCIAS DE QUE UMA PESSOA PRECISA PARA A VIDA DE HOJE

- Saber reconhecer seus direitos, limites e necessidades.
- Saber analisar situações e relações com uma visão global.
- Saber cooperar, participar de atividades de grupo, compartilhar liderança.
- Saber lidar com conflitos.
- Saber conviver com diferenças de um modo equilibrado, respeitoso e maduro.

Você percebeu que são competências bastante diferentes daquelas que eram necessárias para pessoas de outras épocas?

Os conteúdos e os métodos da escola precisam se atualizar em função das necessidades da sociedade de hoje, para formar as competências de que o homem e a mulher de hoje precisam para se realizar plenamente.

22

Na aula tem filmes, debates e jogos. Isso é bom?

Muita gente ainda pensa que um bom professor é quem passa a aula toda falando, e uma boa aula é aquela em que o caderno está todo cheio de anotações copiadas.

Mas a educação mudou. As escolas mais atuais oferecem oportunidades variadas para aprender, como:

☺ **Excursões**
Visitas a museus, idas ao cinema, visitas a fábricas ou indústrias, passeios em locais da cidade que façam parte da história. Afinal, a sala de aula não dá conta de tudo.

Mas atenção! Essas atividades precisam ser bem planejadas. A visita a um museu, por exemplo, precisa ser bem preparada, para que o aluno entenda o que vai ver.

☺ **Trabalhos por projetos**
As escolas integram várias disciplinas para trabalhar em projetos sobre temas atuais, como eleições, meio ambiente, orçamento familiar, preconceito, consumismo, educação sexual e educação da afetividade, prevenção de doenças, entre outros.

☺ **Conteúdos da mídia**
Programas de TV, notícias de jornais e sites e outros recursos são usados nas aulas e ajudam a trazer questões da atualidade para o currículo.

Temas como educação para a saúde, educação para a paz, para a sustentabilidade do planeta, para o respeito às diferenças não podem estar ausentes nas aulas de hoje. Leve essas ideias também para a educação que você dá em casa.

NÃO SE FAZEM MAIS AULAS COMO ANTIGAMENTE...

O ensino das matérias também mudou. Veja alguns exemplos:

DISCIPLINA	ANTES	AGORA
Português	Ênfase nas regras gramaticais. Atividades de memorização, como ditados.	A língua é estudada dentro dos diversos contextos. O aluno aprende a ler e interpretar textos.
Matemática	Ênfase em fórmulas e na memorização. Atividades baseadas na repetição (Encontre o valor de "x", em dezenas de exercícios).	A matemática é contextualizada com exercícios relacionados à vida prática. Prioriza o raciocínio lógico, a dedução, a abstração, a aplicação em situações concretas.
História	Ênfase em fatos e datas. A história era contada a partir das conquistas dos grandes líderes e de forma muito linear.	Busca-se compreender o contexto de cada época, a partir dos costumes e da cultura. Os ciclos históricos são comparados com a realidade de hoje.
Geografia	Ênfase em conteúdos ligados aos aspectos naturais (a montanha mais alta, o nome dos afluentes dos rios etc.).	Estudam-se as regiões e as dimensões sociais e políticas: os impactos de fenômenos como a seca, as migrações, a superpopulação nas cidades, os temas ligados à sustentabilidade.

E em muitas provas, como por exemplo o ENEM (Exame Nacional do Ensino Médio), as disciplinas estão agrupadas em áreas: Ciências Humanas e suas Tecnologias, Matemática e Suas Tecnologias, Linguagens, Códigos e Suas Tecnologias, Ciências da Natureza e Suas Tecnologias.

Além disso, agora existem novos componentes curriculares. Por exemplo, a partir de 2012 as escolas brasileiras devem incorporar conteúdos de música – seja como matéria específica, seja como parte das aulas de Artes.

Essa inclusão no currículo é muito bem-vinda porque a música é um conteúdo estruturante. A música permite desenvolver habilidades motoras, a capacidade de aprender coisas novas, o senso estético. Ela aumenta a concentração e enriquece a formação ao envolver os sentidos, as emoções, o que não se expressa com palavras.

PARA ALÉM DO CURRÍCULO TRADICIONAL: SEU FILHO PODE MAIS!

Toda escola precisa ensinar as disciplinas básicas. Mas as boas escolas vão além e oferecem disciplinas complementares, eletivas ou opcionais. Aulas de dança, laboratórios de criatividade, robótica, culinária, marcenaria e canto são algumas das ofertas existentes hoje.

Claro que as escolas particulares têm mais recursos para isso. Mas a sociedade deve exigir a mesma diversificação do currículo na escola pública. Ela é fundamental para a formação integral dos estudantes.

Fique atento! É bem melhor quando as aulas extracurriculares se integram, de algum modo, com as disciplinas regulares, e não ficam parecendo um "apêndice" descolado de tudo o que o aluno faz.

> **Você sabia que xadrez se ensina na escola?**
>
> Cada vez mais escolas têm o xadrez como matéria do currículo, no Brasil e no exterior.
>
> Com o xadrez, o jovem exercita competências fundamentais para o dia a dia, como fazer comparações, antecipar jogadas e testar hipóteses. Alguns alunos, depois de jogar xadrez, são mais concentrados, têm melhores notas e demonstram raciocinar mais ao fazer outras atividades.

Atividades extras como xadrez e outras podem: estimular o raciocínio; potencializar a memória, a compreensão, a capacidade de desfrutar do lúdico, a autoafirmação; suscitar as relações de grupo; facilitar a integração e o cumprimento de normas; e até estimular a formação política.

> **DESAFIO**
>
> O modelo tradicional de ensino é tão criticado pelos teóricos, mas em muitas escolas ele ainda perdura. Você consegue explicar por quê?
> Tente responder e depois compare sua resposta com os fatores que se seguem.

Apesar das diversas mudanças, o modelo tradicional ainda perdura em muitas escolas, por vários fatores:

- As pessoas valorizam esse modelo (muita gente acha que o bom professor é quem fala muito e mostra que sabe, e se tem outras atividades, como debate ou filme, "não teve aula").
- As provas reforçam (muitas vezes os alunos só são aprovados quando respondem exatamente o que o professor falou).
- O custo é baixo (precisa só de um professor explicando).
- É mais cômodo (o professor pode preparar as aulas uma vez e repetir sempre).
- Promove a reprodução social (valoriza os que sabem mais e têm uma bagagem prévia de conhecimentos, e exclui do sistema aqueles que não conseguem aprender).

23

A escola segue o método mais eficaz?

Como parte de minha pesquisa de Doutorado, pedi que alunos de uma turma de alfabetização fizessem um desenho com o tema: "Como é a aula na minha escola?".

Um dos desenhos me chamou especialmente a atenção. A aluna mostrava uma criança com a cabecinha aberta, e a professora despejava nela uma porção de bolinhas coloridas.

Fiquei pensando em como as crianças entendem a sala de aula: espaço de criar, aprender e descobrir? Ou espaço de copiar, reproduzir e esperar?

> **VOCÊ JÁ PENSOU?**
>
> Como seu filho vê a aula? Se ele for criança, faça este exercício com ele, pedindo que desenhe o momento de aprender. Você poderá encontrar elementos interessantes.

A FORMA DE ENSINAR MUDOU

Existem basicamente duas maneiras de entender a sala de aula. A primeira é como um lugar fechado onde um grupo de pessoas vai passar um determinado número de horas ouvindo um professor falar sobre o que elas não sabem e sobre o qual, em certo momento, precisarão fazer uma prova.

A outra forma de entender a sala de aula é como um ambiente de aprendizagem e de comunicação, no qual pessoas com diferentes interesses e afinidades se encontram para aprender umas com as outras.

Os professores se tornam "mediadores", encarregados de estimular os alunos a aprender uns com os outros e de mobilizar a inteligência do grupo.

As mídias e tecnologias, como TV, computadores, i-Pads e outros, são usadas como ambientes para aprender. A aula é o ponto de partida de uma rede social.

O primeiro modelo de sala de aula durou séculos e ainda perdura. O segundo modelo ganha cada vez mais força na sociedade da comunicação e da informação.

POR QUE A ESCOLA PRECISA MUDAR?

Ao entrar na sala de aula, muitos alunos devem se sentir como se estivessem entrando num túnel do tempo. O aluno deve pensar:

– Ei, aqui não tem controle remoto, não posso fazer zapping?
– Onde estão os aparelhos, como me conecto à internet?
– Quando posso passar mensagens pelo celular e baixar umas músicas novas?

Tudo isso pode parecer estranho para quem aprendeu a estudar em outro modelo, desligando todos os aparelhos, fugindo de ruídos e tentando não ser interrompido. Isso não significa que hoje o ato de estudar precise ser barulhento e dispersivo. É necessário, sim, manter a concentração e a atenção. No entanto, lembre-se de que a cabeça das crianças e jovens de hoje mudou. Assim como os programas de computador trabalham com muitas "janelas" abertas, a nossa cabeça está ficando como se fosse um hipertexto, mais capaz de fazer várias coisas ao mesmo tempo.

QUAL É O MODELO DE ENSINO DA ESCOLA DO SEU FILHO?

Veja o quadro que se segue, que mostra as mudanças nas formas de ensinar.

Na escola de ontem	Na escola de hoje
O professor apresenta o conteúdo, com pouca participação dos alunos.	O professor é orientador do estudo, e o papel principal é do aluno.
O aluno recebe a informação.	O aluno vai atrás do conhecimento.
A sala de aula é um lugar para ficar quieto e prestar atenção.	A sala de aula é um ambiente de intercâmbio e trabalho em grupo.
Há pouco espaço para a criatividade e o pensamento alternativo.	Estimulam-se a criatividade, o pensamento alternativo e a autonomia intelectual.
O aluno estuda por obrigação e pressão.	O aluno aprende e estuda por motivação.
As matérias nunca mudam.	O currículo é flexível e se adapta ao contexto e aos interesses do aluno.
O professor só usa o quadro-negro.	Professor e aluno usam diversas mídias e tecnologias.
A escola é uma ilha e se comunica com a família só quando necessário.	A escola é conectada com a comunidade e com a família.

EXEMPLOS DE ATIVIDADES DA ESCOLA DE HOJE

DESAFIO

Analise o tipo de atividade que seu filho leva para fazer em casa e o que ele conta sobre as aulas. Considere a tabela da escola ontem e hoje: de qual lado a escola parece estar mais próxima?

24
A internet ajuda ou atrapalha a aprendizagem?

A aprendizagem hoje acontece num contexto completamente diferente do de outras décadas. Veja só:

- A velocidade na produção e circulação de informações nunca foi tão alta.
- Para estar no mercado de trabalho é preciso aprender o tempo todo.
- As tecnologias digitais vão além da oralidade e da escrita tradicionais e deixam tudo interconectado. Esse fenômeno da interconexão é geral, veja só:

Dos conhecimentos isolados nas disciplinas	para a interdisciplinaridade.
Dos territórios isolados em países	para a globalização.
Da comunicação de um emissor para um receptor	para a interatividade.

Com a internet, mudaram as práticas sociais e as formas de comunicação. Mudam as formas de pensar e, com isso, as maneiras de aprender.

COMO AS MÍDIAS E TECNOLOGIAS PODEM SER USADAS PARA APRENDER?

As escolas montaram seus laboratórios de informática e mídia e usam a tecnologia para ensinar. Veja alguns exemplos de atividades:

☺ Uso de softwares educacionais específicos para as matérias escolares.
☺ Pesquisas orientadas na internet.
☺ Debates sobre programas de TV, filmes, sites e blogs.

☺ Montagem de sites e de comunidades virtuais com conteúdos da escola.
☺ Intercâmbio de conhecimentos com alunos de outras escolas através da web.
☺ Uso de jogos ou ambientes de simulação.

VOCÊ JÁ PENSOU?

O Brasil só pode manter o crescimento econômico com qualidade de ensino, e isso depende também da modernização das escolas públicas e da capacitação dos professores para lidar com tecnologias nas aulas.

QUAIS SÃO OS DIFERENCIAIS DAS AULAS COM TECNOLOGIAS?

Em vez de trabalhar sozinho → o aluno trabalha mais conectado com outros.
Em vez de conteúdos sempre iguais → o aluno navega por temas diferentes.
Em vez de receber a informação → o aluno pesquisa e corre atrás.

Ignorar as tecnologias é manter os alunos na cultura do lápis e papel, sem participar de situações de aprendizagem inusitadas que mexem com sua cabeça.

Mas atenção! As tecnologias não são um material didático pronto nem são infalíveis.

Você sabia que há escolas muito bem equipadas, mas que estão mal nas avaliações?

Isso quer dizer que o computador não resolve tudo sozinho. E, além disso, crianças e jovens que ficam no computador um número exagerado de horas por dia caem no rendimento escolar.

Tudo isso só funciona se for bem conduzido pelo professor. Sem a orientação de educadores competentes, as aulas com tecnologias perdem a eficácia didática.

25

Como sei se meu filho tem bons professores?

Você teve algum professor que marcou sua história? Eu aposto que sim. Os professores são pessoas muito importantes na nossa vida. Podem depender deles a nossa paixão por um assunto, nossa vontade de estudar, e até mesmo a nossa escolha de uma carreira.

Conheço várias pessoas que escolheram suas profissões por influência positiva de seus professores do colégio ou da universidade. São os professores, na maioria das vezes, os responsáveis por fazer nascer nosso amor pelo conhecimento.

> **VOCÊ JÁ PENSOU?**
>
> Pense num professor que foi muito importante na sua vida. Como ele era? O que fazia? Por que ele marcou você?

Você sabia que grande parte das pessoas, quando responde a estas perguntas, chega à conclusão de que os professores mais especiais não foram tão decisivos pelo conteúdo que ensinavam? Eles deixaram suas marcas pelo relacionamento com os alunos, pela maneira de ser e pelos seus valores.

Os grandes mestres são mais do que expositores de conteúdo. São verdadeiros educadores, pessoas inspiradoras que despertam a paixão pelo saber e nos fazem pensar, para além da escola, nas motivações para nossa vida.

Quanto mais alta a qualidade dos professores, mais alta a qualidade de uma escola e de um sistema educacional.

Certa vez um professor me disse:

– Todo mundo pensa que para ser professor você precisa gostar muito da matéria que leciona.

– E não é assim? – perguntei. – Veja só, para ser professor de Matemática, por exemplo, é preciso gostar muito de números e problemas de raciocínio! Já para ser professor de Português e Literatura, como é o meu caso, é preciso gostar muito de estudar a linguagem, de escrever e de ler. Ou não?

Ele sorriu e respondeu:

– Para ser um bom professor, você precisa gostar de gente.

Ele tinha razão! Assim como se espera que os pais amem os seus filhos, os professores precisam amar os seus estudantes, acreditar no seu desenvolvimento pessoal. Educar é um ato que envolve compromisso e generosidade de se colocar a serviço do crescimento do outro.

Educador é quem prepara para a vida, que assume a ética como programa, que assume o compromisso de formar pessoas justas, solidárias, honestas e equilibradas.

QUEM É UM BOM PROFESSOR?

Quero contar a você um caso verídico que aconteceu num dia de Conselho de Classe, numa das escolas em que trabalhei. Em vez de só os professores avaliarem os alunos, os representantes de turma iriam também avaliar as aulas e os professores.

A palavra foi dada aos estudantes de cada uma das turmas da mesma série. Ao falar das aulas de História, eles foram unânimes:

Felipe: As aulas são boas porque são muito divertidas.
Neaci: É mesmo, a professora faz muitas palhaçadas, a gente não para de rir.
Sabrina: Aprender se divertindo é muito melhor. A professora faz piadas engraçadas e a aula fica bem mais legal. Todo mundo adora essa matéria.

Quando se falou das aulas de Matemática, o discurso foi um pouco diferente.
Neaci: A professora explica bem a matéria.
Paco: A turma está entendendo os conceitos e o programa.
Valdinei: A professora usa cada minuto. Não é divertido, mas a gente aprende.

Quando a palavra foi dada aos professores, Ana Cristina, a professora de História, agradeceu os elogios e ainda fez algumas brincadeiras que fizeram todo o Conselho rir. Depois foi a vez de falar de Vilma, professora de Matemática. Ela disse:

– Fico muito feliz porque, ao falar da minha aula, os alunos dizem que estão aprendendo. Eu não tenho jeito para contar piadas nem transformar a aula em um

show. Mas fico satisfeita ao ouvir das minhas turmas que, nas aulas, eles estão entendendo e aprendendo Matemática. É isso o que eu venho fazer aqui.

DESAFIO

Quem você acha que é uma professora melhor: Ana Cristina, em cujas aulas os alunos se divertem muito, ou Vilma, que trabalha com seriedade e, na própria voz dos alunos, ajuda a fazê-los aprender?

Não há uma resposta única para a pergunta do desafio. De fato, é ótimo quando o professor consegue criar estratégias que motivam o aluno e o aprendizado fica divertido. O estudo não pode ser "um mal necessário". Quanto mais atraente fica a matéria, maior é a possibilidade de que os estudantes se envolvam com o que aprendem.

Por outro lado, existe a falsa ideia de que a aula em que o aluno não se diverte não é boa. Proliferaram os professores "*showmen*", que transformam a aula quase que numa performance teatral. Mas será que essas práticas não fazem simplesmente revestir de glamour um processo de ensino que é falho, que ainda não rompeu com o modelo em que o professor é o astro e o centro das atenções?

COMO É O BOM PROFESSOR NAS ESCOLAS ATUAIS

A forma de dar aula e o perfil do professor vêm mudando ao longo do tempo. Veja as principais mudanças:

O PROFESSOR DE ONTEM	O PROFESSOR DE HOJE
Coloca-se como quem sabe tudo.	Não necessariamente sabe tudo, mas orienta a aprendizagem e a pesquisa.
É considerado o "dono do saber", é quem fala e define as coisas.	Estimula que os alunos participem, e permite a troca de experiências.
É temido pelos alunos e se impõe com rigidez.	Sua autoridade é construída não pela posição que ocupa, mas pela competência.

O professor do futuro está se construindo hoje. Ele é assim:

Arquiteto cognitivo	• É um profissional que traça estratégias para o aluno construir, de forma autônoma e integrada, os caminhos de sua aprendizagem.
	• Estuda sempre e analisa criticamente a própria prática.
	• Usa as mídias e tecnologias como ambientes de aprendizagem.
Dinamizador da inteligência coletiva	• Gerencia processos em que os alunos interagem e cooperam uns com os outros para construir o saber.
	• Faz de suas turmas comunidades inteligentes e felizes.
	• Integra as múltiplas competências dos estudantes com base em avaliações contínuas.
	• Valoriza o interdisciplinar e o intercultural.
	• Abre espaços de aprendizagem para além da sala de aula.
Educador	• Forma para a cidadania ativa.
	• Promove valores de respeito à dignidade humana, paz, justiça, solidariedade.
	• Estimula a consciência crítica dos estudantes.
	• Ensina que os conhecimentos podem se colocar a serviço de um mundo melhor.

VOCÊ SABIA QUE EM ALGUNS PAÍSES O CARGO DE PROFESSOR É DISPUTADO?

Escolher bons profissionais é uma das políticas dos países de alto desempenho na educação. Na Coreia do Sul, por exemplo, os futuros professores são recrutados no grupo dos melhores alunos do Ensino Médio. Para seduzir os talentos mais promissores, a Coreia combina um salário atraente, a possibilidade de aprimoramento profissional e a chance de ter uma carreira que é socialmente muito valorizada. Os professores, em geral, ganham mais do que advogados e engenheiros.

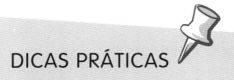

DICAS PRÁTICAS

Você sabe que um professor é bom quando seu filho:

- Comenta com entusiasmo atividades que fez na aula ou as coisas que aprendeu.

- Faz exercícios que não são tarefas mecânicas de repetição, mas levam a pensar.

- Relaciona conhecimentos da matéria com coisas do dia a dia.

- Estuda a matéria a partir de uma orientação clara e com um plano de trabalho.

- Fala do professor com respeito, com admiração ou com naturalidade.

- Mostra-se interessado em aprofundar pontos da matéria por iniciativa própria.

COMO É UM BOM GESTOR ESCOLAR?

Fique atento! De nada adiantam os bons professores se a gestão da escola não é competente.

Um gestor escolar deve ser:

- Um bom líder, servidor dos demais, interessado na participação de todos.
- Um bom administrador, mantendo a escola dentro das normas do sistema educacional.
- Um bom técnico, que valorize a qualidade do ensino, o projeto pedagógico, a formação de professores.

Verifique se o diretor da escola do seu filho tem essas qualificações.

26

Como saber se a escola do meu filho avalia bem?

Fazer prova é algo que mexe com qualquer pessoa. Até os adultos sentem ao menos um pouco de estresse quando passam por situações em que são avaliados, como uma entrevista de trabalho ou a apresentação de um projeto na empresa.

Com os alunos, na escola, isso não é diferente. As provas são, na maioria das vezes, momentos de tensão para o estudante. Mas será que deveria ser assim?

ENTENDA COMO É UMA BOA AVALIAÇÃO NA ESCOLA DE HOJE

Quando você vai ao médico e ele pede alguns exames, o objetivo é fornecer uma ideia de como está o seu organismo, certo? Se ele encontrar algo errado, vai receitar um remédio e agir sobre o problema, até curar você.

Na escola, as provas são como esses exames. O professor aplica para saber como vai a aprendizagem, se pode seguir em frente ou se precisa reforçar algum ponto.

Por isso, as provas deveriam ser encaradas com mais naturalidade. Elas não são uma punição, e sim um diagnóstico.

Acontece que, na escola tradicional, a avaliação costuma funcionar como instrumento de pressão, poder e controle.

Você certamente já ouviu frases como:

– *Não querem prestar atenção? A matéria está dada!* (Professor fecha o livro e considera que já "deu" o conteúdo, que cobrará em seguida na prova.)

– *Continuam conversando? Lembrem-se daquele nosso encontro no final do ano...* (Tom de ameaça ao se referir às provas finais ou à recuperação.)

– *Não é o professor, é o aluno que se reprova.* (Atribuindo exclusivamente ao aluno a responsabilidade pelo sucesso ou pelo fracasso no processo de aprendizagem.)

– *Dez eu dou para Deus, nove para minha mãe, oito para mim. O resto dos alunos, em provas da minha matéria, só consegue notas abaixo de sete.* (Demonstrando que a prova necessariamente conterá algumas questões propositalmente "impossíveis".)

– *Quem faz uma segunda chamada comigo, nunca mais deixa de faltar à primeira prova. (Insinuando que a prova seria muito mais difícil do que a anterior.)*

Essa visão de avaliação só faz afastar o aluno do estudo: gera tensão, nervosismo e angústia. Quem nunca ficou com as mãos geladas na hora de fazer uma prova, ou perdeu o sono por causa de um teste com matérias em que tinha mais dificuldade?

Como as avaliações são momentos que vamos ter que enfrentar sempre, o ideal é que a escola ensine a lidar com eles da maneira mais natural possível.

A avaliação não pode ser um bicho de sete cabeças: ela é simplesmente o momento de checar quanto rendeu o estudo, se o aluno desenvolveu as competências esperadas e se pode prosseguir avançando.

DICAS PRÁTICAS

Esteja atento para ver se a escola do seu filho avalia bem, ou seja:

- Muitas avaliações ao longo do mês ou bimestre, e não só no final.

- Avaliações de diversos tipos, e não somente testes e provas.

- Avaliação atenta a diversos aspectos da pessoa, e não só aos conteúdos puros.

- Avaliação de todo o processo educativo, até do professor, e não só do aluno.

- Provas com todo tipo de questão, e não só de resposta única ou múltipla escolha.

- Avaliações que geram autoconfiança, e não medo e estresse, e sem pegadinhas.

Um parecer da escola sobre o aluno que se constrói exclusivamente em cima dos resultados de provas aplicadas no fim de cada período é bastante limitado. A avaliação global precisa levar em conta uma série de outros elementos que, no conjunto, indiquem se o aluno desenvolveu as competências esperadas para aquela etapa, em cada disciplina, mas também em cada dimensão da formação integral como pessoa.

CUIDADO COM AS PEGADINHAS!

Se as provas não forem bem elaboradas, podem acabar limitando a criatividade dos alunos e reforçando o ensino do passado, em que era preciso decorar tudo.

Vou mostrar alguns casos verídicos, com questões retiradas de provas de diversas escolas, para você ver na prática como isso acontece.

- **Qual é a vaca que está com mais calor?**

João, aluno do 1º ano do Ensino Fundamental, mostrou a prova para os pais. Logo na primeira questão, havia perdido o ponto.

Na questão havia um desenho com duas vacas. Uma delas estava no pasto; a outra, à sombra de uma árvore. No céu, um sol radiante, daqueles dos dias de 40 graus.

A pergunta era: "Assinale com um X a vaca que está com mais calor." João havia assinalado a vaca que descansava sob a sombra e a professora indicou: Errado.

O pai de João questionou:

– Mas filho, como esta vaca pode ter calor se está na sombra?

E João:

– Pai, ela estava com tanto calor no pasto que foi para a sombra! A outra não está com tanto calor assim, porque continua lá!

- **Jesus é... o quê?**

Numa prova da matéria Religião, a professora propôs esta questão:

Complete a frase – Jesus é _____.

Um aluno escreveu: Jesus é bom. Errou.

O outro colocou: Jesus é amor. Também errou. Outra arriscou: Jesus é o filho de Deus. Errado também!

Sabe qual era a resposta correta?

Jesus é... o caminho, a verdade e a vida!

■ **Qual é a fração em destaque?**

A prova de Matemática pedia: Indique a fração em destaque:

O aluno respondeu: ¾. E errou, pois o correto seria ¼. Mas... O aluno considerou que a fração estava destacada na cor branca. Dá para questionar, não acha?

■ **As causas da desigualdade**

Agora veja a questão desta prova de História:

Assinale a resposta MAIS correta. Quais as razões da desigualdade social no Brasil?

(A) A falta de oportunidades das classes menos privilegiadas.
(B) O egoísmo das classes privilegiadas que não repartem a riqueza.
(C) O tipo de colonização do Brasil, que acentuou a divisão entre as classes.
(D) A falta de investimento em educação, que gera oportunidades desiguais.

Cá entre nós, será que tem mesmo uma única resposta mais correta do que as outras?

Nesses exemplos, você viu questões de prova mal formuladas. Em vez de levar o aluno a pensar ou a criar, parece que o aluno tem que adivinhar o que professor espera como resposta. Esse tipo de pergunta acaba levando ao erro e adestrando o aluno para decorar o que o professor quer ouvir.

 **Uma boa escola oferece oportunidades, tanto nas aulas como nos testes, para o aluno pensar e criar. Uma prova bem elaborada não tem pegadinhas, e sim oportunidades para o aluno mostrar o que realmente sabe.**

É correto que a escola restrinja a realização de provas de segunda chamada?

Em geral, as escolas não estimulam a realização de provas de segunda chamada e até criam mecanismos para inibir ao máximo essa situação, tais como a cobrança de taxas extras (nas escolas particulares).

Essas restrições acontecem por dois motivos:

Pedagógicos → Não é bom banalizar a falta às avaliações. Se faltar à prova for natural, muitos alunos deixarão de estudar para as provas na data para fazer segunda chamada e saber detalhes do que será perguntado. Além disso, se muitos alunos faltarem, o professor ficará com um retrato incompleto da turma.
Econômicos → A segunda chamada é uma despesa extraordinária que implica alocação de professores para elaborar, aplicar e corrigir a prova (horas extras), custos com material, limpeza da sala, energia etc.

A Lei 9.870/99, que dispõe sobre as mensalidades escolares, não limita a cobrança para provas de segunda chamada, mas há alguns estados brasileiros que têm leis que proíbem essas taxas.
Conheça as melhores práticas:

- Pai/Mãe: Reforçar com seu filho que se planeje para não acumular a matéria e não faltar às provas.
- Professor: Nunca ameaçar sobre o perigo das provas de segunda chamada. Isso é "terror acadêmico" que não pode ser aceito.
- Escola: Garantir que a prova de segunda chamada tenha os mesmos objetivos da prova inicial e seja aplicada na data mais próxima possível.

27

O professor pediu para meu filho se dar uma nota. Isso é correto?

Em muitas empresas, existe o processo de avaliação 360 graus, no qual todos os membros de uma área são avaliados por seus superiores, seus colegas e seus subordinados. Além disso, cada membro realiza também uma autoavaliação. Este é um mecanismo eficiente para potencializar o desempenho.

Na escola, com as devidas adaptações, isso também pode acontecer. Professores e alunos deveriam se sentir igualmente responsáveis pelo sucesso do processo educativo e, portanto, todos deveriam se avaliar.

O aluno deve ser estimulado a avaliar a si mesmo, com orientações do professor sobre critérios e indicadores.

Na minha época de escola, tive uma professora que chegava à média do aluno somando a nota dada por ela (trabalhos e provas) com outra, que o aluno se dava.

No início, muita gente, mesmo sem merecer, se atribuía nota dez. A professora respeitava, mas depois fazia uma reflexão sobre isso. Será que aquela nota reflete a realidade? Será que você merece mesmo essa nota?, perguntava, com paciência.

Ao longo dos meses, a postura da turma foi mudando, até que os alunos crianças de apenas doze ou treze anos, foram se tornando extremamente precisos na sua autoavaliação – e, às vezes, até rigorosos demais! Mais do que uma oportunidade de "se dar bem", esse processo foi, para toda a turma, uma aprendizagem sobre consciência ética e uma oportunidade de autoconhecimento e evolução pessoal.

Veja a seguir exemplos do que o professor pode fazer no processo de autoavaliação.

- **Orientar o estudo**

Aluno: Acho que não sou capaz de aprender esta matéria, minhas notas nas provas são baixas por mais que eu estude.

Professor: Eu creio que você é capaz, sim. Que tal você me contar como é o seu sistema de estudo? Talvez você possa melhorar algo na forma de estudar e isso vai se refletir na próxima avaliação. Vamos tentar?

- **Formar a postura ética e a responsabilidade com o próprio desenvolvimento**

Aluno: Mereço dez. Apesar de ter tirado cinco na prova, me esforcei e mereço mais.

Professor: Respeito sua opinião, mas vamos refletir: será que você realmente deu o máximo de si? Veja só, eu registrei que você não apresentou as tarefas de casa por três vezes seguidas e não fez os exercícios. Que tal a gente chegar juntos a uma avaliação mais próxima da realidade e a um plano de trabalho para melhorar?

- **Resgatar a autoestima**

Aluno: Acho que mereço zero. Eu não gosto dessa matéria e não me sinto nem um pouco interessado nas aulas.

Professor: Você não acha que está sendo muito severo consigo mesmo? Zero indica que não há nada para ser aproveitado. Você trouxe sempre todas as tarefas de casa, participa das aulas e foi líder do seu grupo no trabalho da semana passada. Que tal rever a sua nota considerando esses pontos positivos da sua atuação?

- **Incentivar o aluno a compartilhar o que sabe com outros**

Aluno: Estou muito bem nessa matéria, mereço dez. Já sei tudo!

Professor: Sim, você está com muita facilidade e isso está se refletindo nas notas. Mas tem algumas pessoas na turma com dificuldades. Que tal você ajudar esse grupo atuando como monitor? Já pensou nisso?

Como você viu, a autoavaliação precisa ser bem orientada pelo professor e objetivos claros. É um processo que exige maturidade e capacidade de reflexão ambas as partes, professores e alunos.

Autoavaliar-se tira do comodismo e favorece o autoconhecimento e a superação dos próprios limites.

28

Quando meu filho precisa ficar em recuperação?

Quero começar esta parte contando um caso que aconteceu com a professora Marcela.

Numa de suas turmas de 5º ano estudava um aluno chamado Augusto. Ele era um dos mais aplicados. Além de ser extremamente colaborativo nas aulas, participando das discussões e se colocando à disposição para ajudar os colegas com dificuldades, seus resultados nas avaliações eram excelentes. Ele se expressava bem, dominava os conteúdos com desenvoltura e, além disso, era criativo e motivado.

No ano anterior ele já havia sido aluno de Marcela, sempre com notas acima de 9,0. Naquele ano, suas notas nos dois primeiros bimestres foram 9,0 e 10,0.

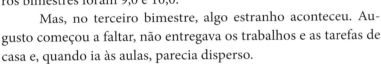

Mas, no terceiro bimestre, algo estranho aconteceu. Augusto começou a faltar, não entregava os trabalhos e as tarefas de casa e, quando ia às aulas, parecia disperso.

A professora chamou Augusto e ele confidenciou que sua avó, uma das principais responsáveis pela sua criação, não andava bem de saúde. A doença era terminal.

Dias depois, Marcela soube que a avó do aluno havia falecido. Augusto faltou às provas e, como se esqueceu de solicitar segunda chamada na Secretaria, perdeu o direito a uma nova chance. Com os trabalhos daquele bimestre, Marcela não tinha muito a fazer: sua média poderia chegar a algo como 3,0 – no máximo –, numa escala de zero a dez.

Para a professora, era absurdo lançar aquela nota para Augusto. Significaria recuperação certa no final do ano e a perda das férias.

Marcela era conhecida pela fidelidade às normas da escola, até porque achava que assim seria justa com todos. Mas, nesse caso, não teve o menor constrangimento, e deu nota 7,0 para o aluno. Conversou com Augusto sobre o compromisso que queria que ele assumisse: de, no bimestre seguinte, estudar duplamente. E aceitou e não deixou por menos: novo 10,0 no boletim.

Na reunião de professores, ninguém entendeu nada: em várias disciplinas Augusto estava sem média, cheio de faltas, e com Marcela tinha um 7,0. "De onde vem esse 7,0?", perguntou a coordenadora. Marcela explicou e comentou as suas dúvidas: não queria ser injusta com os outros, nem permissiva e tolerante demais. O tros professores não concordaram, e Augusto ficou em três recuperações (se ficasse em quatro matérias, teria sido "reprovado direto", pelas regras daquela instituição). E passou de ano sem dificuldades.

Hoje Augusto é um adulto responsável, profissional brilhante e um cidadão comprometido. Quando Marcela olha para trás, não tem a menor dúvida de que o voto de confiança que lhe deu, naquele momento difícil, foi fundamental para fortalecer a sua autoestima. Ela não deixou cair a sua motivação e seu entusiasmo pela escola e o ajudou a ser uma pessoa ainda melhor.

DESAFIO

– Se você estivesse no lugar de Marcela, o que teria feito?
– Se você fosse pai ou mãe de um colega de Augusto e seu filho tivesse ficado em recuperação, enquanto Augusto foi aprovado, o que você diria?

história de Augusto é um exemplo de como a prática de avaliar crianças e jovens é omplexa. É preciso conciliar o respeito às normas e processos da escola, a justiça e equidade para com todos, e o bom-senso aplicado com muita consciência pessoal profissional.

E tudo isso, muitas vezes, sem certeza sobre qual será a melhor decisão, uma ez que a educação envolve pessoas, e tudo é muito intangível e imprevisível.

Este caso leva a refletir: o que fazer com um aluno que, no início do ano, ve um rendimento baixo, mas depois se recuperou e se superou?

Analise, por exemplo, o boletim desta aluna:

BOLETIM ESCOLAR ELETRÔNICO					
COLÉGIO EDUCA TOP					
Ensino Fundamental					
Turma 81 – 8º ANO					
Aluno: Isabella Rocha Magalhães					
Disciplina	1º BIM	2º BIM	3º BIM	4º BIM	
Língua Portuguesa	3,0	6,0	7,5	9,5	
Matemática	2,0	5,5	7,5	10,0	

Você percebeu a evolução nas notas dessa aluna? O primeiro bimestre foi um desastre. Mas, se as provas forem cumulativas, cobrando conteúdos e competências dos bimestres anteriores, a realidade é: Isabella já se recuperou.

Agora, veja o caso deste outro aluno:

BOLETIM ESCOLAR ELETRÔNICO				
COLÉGIO EDUCA TOP				
Ensino Fundamental				
Turma 81 - 8º ANO				
Aluno: Igor Basil de Albuquerque				
Disciplina	1º BIM	2º BIM	3º BIM	4º BIM
Língua Portuguesa	10,0	6,5	5,5	4,0
Matemática	10,0	7,5	5,0	2,3

O caso de Igor é completamente diferente. Ele começou muito bem, com dez na duas matérias. No entanto, parece que esse pode ter sido um motivo para ele "re laxar" nos estudos, e, a partir daí, a piora foi contínua. Ele acaba o ano com 4,0 2,5 nas duas disciplinas.

Você vê a diferença entre os dois alunos?

Pois bem, pelo sistema que a maioria das escolas utiliza (soma das quatr notas e divisão por quatro), os dois estão com situações escolares idênticas (méd de 6,5 em uma disciplina e de 6,25 em outra); e, por isso, numa escola que cons dera 7,0 a média mínima para passar de ano, os dois estariam em prova final em recuperação. Será que eles estão realmente nivelados no que se refere às con petências desenvolvidas?

O inverso também é verdadeiro. Vamos agora ao caso da aluna com es boletim, numa escola em que a média mínima para ser aprovado é 6,0:

BOLETIM ESCOLAR ELETRÔNICO				
COLÉGIO EDUCA TOP				
Ensino Fundamental				
Turma 62 - 6º ANO				
Aluno: Laura Vasconcellos da Silva				
Disciplina	1º BIM	2º BIM	3º BIM	4º BIM
Língua Portuguesa	10,0	7,0	4,0	3,0
Matemática	9,0	7,5	5,0	2,5

Laura está com média 6,0 nas duas disciplinas. Mas veja o segundo semestre dela: notas baixíssimas, que indicam que existem deficiências no conjunto da formação. Porém, pelo sistema de média, os resultados são suficientes para passar de ano.

Será que ela vai conseguir acompanhar a série seguinte?

Você já pensou?

Imagine se, nos cursos para pilotar aviões, o sistema de aprovação fosse por média.

Um piloto que ficou com nota 10,0 em decolagem e nota 4,0 em aterrissagem seria aprovado com média 7,0.

Mas quem se sentiria tranquilo de voar com ele?

Atenção! Não se trata de facilitar a aprovação dos alunos nem de ser condescendente com quem não estuda e não se esforça.

Pelo contrário, o rigor na avaliação é importante e educativo. Mas deve vir sempre junto de critérios claros e de uma visão global do educador em relação ao estudante.

Analise se a escola do seu filho tem critérios claros, consciência, bom-senso e seriedade para avaliar, considerando a pessoa e seu desenvolvimento integral.

O QUE É RECUPERAÇÃO PARALELA?

Quando bem planejado, o processo educativo é composto por uma série de etapas de aprendizagem. Na cabeça da gente isso funciona, muitas vezes, como uma escada, na qual, se pularmos alguns degraus, corremos o risco de tropeçar. Por isso, é aconselhável que o estudo de conhecimentos novos só ocorra quando os conhecimentos anteriores, considerados essenciais, estejam devidamente fixados.

Só que numa turma de 30 ou 40 crianças ou jovens você terá alunos com diferentes ritmos de aprendizagem. Então, o que fazer? Se o professor prossegue com matéria nova, muita gente não consegue acompanhar. Se o professor para até que todos aprendam tudo, os mais rápidos ficam desmotivados.

Para isso existe a recuperação paralela.

Ela é uma ação que objetiva recuperar as deficiências de aprendizagem do aluno em paralelo ao período letivo, e pode acontecer com:

Aulas de reforço → Com professores ou monitores, fora do horário das aulas regulares.

Atividades na própria aula → Acompanhadas pelo próprio professor, em paralelo (por exemplo, uma tarefa de casa, um conjunto de exercícios complementares etc.).

A recuperação paralela é uma intervenção direta, personalizada, e com ela o aluno tem mais condições de, em pouco tempo, ficar no mesmo ritmo dos demais.

Atenção! Se um aluno precisa de reforço ou acompanhamento para uma recuperação paralela, isso não quer dizer que ele tenha dificuldades de aprendizagem ou que seu ritmo seja mais lento. É natural que, em determinados momentos, um grupo avance com mais facilidade do que outro. Essa diversidade é trabalhada pelo professor, e em geral, no final do ano, todos chegam com as competências essenciais desenvolvidas.

Por isso, nas boas escolas, depois das principais avaliações, o professor traça dois planos: o primeiro, para prosseguir o ensino regular; o outro, com as estratégias para recuperar os alunos que não apresentaram bom desempenho.

Para recuperar as notas de uma prova, o professor ofereceu um ponto para quem assistisse a um filme indicado e fizesse uma resenha. Isso é válido?

Cuidado para não confundir alhos e bugalhos! Qual era o objetivo daquela prova em que o aluno não se saiu bem? Se o aluno não desenvolveu aquelas competências, é um erro passar trabalhos diferentes só para "levantar a nota". A nota é o de menos, o que importa é a aprendizagem.

O processo mais adequado seria passar atividades que pudessem levar o aluno a desenvolver as competências implicadas, orientar a sua realização e cor-

rigir o trabalho, para ter certeza de que as competências foram desenvolvidas e o aluno está pronto para prosseguir nas outras etapas de aprendizagem.

Então, você já tem condições de responder à pergunta inicial? Quando seu filho precisa ficar em recuperação?

A resposta é: sempre que a avaliação detectar alguma lacuna no processo de aprendizagem.

Mas fique atento! Limitar a recuperação a algumas semanas do final do ano não é o mais conveniente para que seu filho aprenda.

Muitos pais, nesses casos, contratam professores particulares para, em pouco tempo, treinar o aluno para a prova final – sua última chance para passar de ano. Muitos passam. Mas será que estão realmente preparados para cursar o ano seguinte?

A recuperação final só é válida para dar ao aluno uma nova oportunidade quando, em algum momento do ano, ele teve algum problema específico e isso prejudicou seu rendimento como um todo. Mas ela nunca deveria ser a única estratégia da escola.

Veja o esquema que compara a recuperação final com a recuperação paralela.

RECUPERAÇÃO SÓ NO FINAL DO ANO	O professor continua com a matéria normalmente e o aluno não consegue acompanhar (faltam os requisitos básicos).	Isso vira uma bola de neve, com cada vez mais matéria nova e o aluno sem base para entender. O aluno fica perdido e desmotivado.
RECUPERAÇÃO PARALELA	O aluno é acompanhado em paralelo até que consiga desenvolver as competências esperadas, pré-requisitos para seguir aprendendo.	O aluno consegue, em pouco tempo, se juntar ao ritmo da turma e a aprendizagem ocorre com naturalidade.

29

Repetir o ano é a solução mais eficaz para quem não aprendeu?

O Brasil é um dos países do mundo que mais reprovam. Segundo o Relatório de Monitoramento de Educação para Todos de 2010, da Organização das Nações Unidas para a Educação, Ciência e Cultura (UNESCO), o índice de repetência no Ensino Fundamental brasileiro é o mais elevado na América Latina e fica bem acima da média mundial, como você pode ver no gráfico:

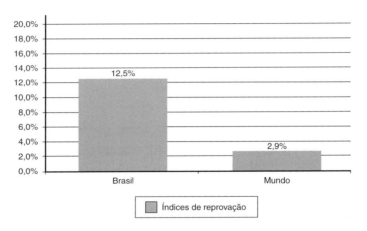

É verdade que em todas as escolas existem alunos que se saem melhor e outros que têm mais dificuldades. No entanto, países com alta qualidade de ensino já encontraram soluções diferentes e que funcionam melhor do que quando se faz o aluno voltar um ano inteiro, desde o zero. Hoje em dia, a reprovação é considerada uma solução fácil, cômoda, cara e – o que é pior – ineficiente.

A reprovação traz prejuízos para todos. Na educação pública, consome bilhões por ano. Para os pais de alunos de escolas particulares, representa um imprevisto significativo no orçamento familiar. Sem falar dos prejuízos para os próprios alunos: os estudantes mais novos são obrigados a conviver com colegas mais velhos, e os repetentes perdem a motivação e têm a autoestima ameaçada.

Como você viu no capítulo anterior, existem estratégias didáticas, como a recuperação paralela e o acompanhamento personalizado, que podem prevenir e evitar medidas extremas como a reprovação.

Há países no mundo que inclusive proíbem a reprovação em determinadas etapas escolares. E, acredite: eles se saem melhor nos testes internacionais de avaliação de desempenho. Em Hong Kong, os professores têm autonomia para reprovar até 3% dos alunos, mas se houver mais reprovações uma comissão especial de educadores entra em ação para avaliar o trabalho como um todo e verificar se houve algum problema no método.

Todo aluno é capaz de aprender, mas ele precisa ser avaliado continuamente e ter oportunidades de reforço ao longo do ano.

A PROGRESSÃO CONTINUADA É UMA SOLUÇÃO POSSÍVEL?

Existem dois conceitos diferentes: aprovação automática e progressão continuada.

Aprovação automática → Significa passar automaticamente o aluno para o ano seguinte, esteja ele preparado ou não, quase sempre sem apoio e orientação.

Progressão continuada → É um alargamento do conceito de ciclos ou períodos escolares.

Na escola tradicional, lidamos com um período ou ciclo por ano: 1º ano, 2º ano, 3º ano e assim por diante. E a lei indica que cada ano escolar tenha 200 dias letivos. Mas um ciclo letivo poderia ter menos do que os 200 dias, ou mais. São formas de dividir o tempo escolar que, em vez de se guiar por um calendário, podem se estruturar pela sequência mais adequada para o processo de ensino-aprendizagem.

Veja na prática. Digamos que fosse estabelecido que a alfabetização de uma criança não acontece em um ano, que ela precisa de um ciclo de 20 meses para acontecer. Ora, quando a criança chegasse ao final do primeiro ano (pelo calendário), ela teria cumprido apenas doze meses do ciclo. Aí ela iria para o ano seguinte, por progressão continuada, seguindo no plano de trabalho da alfabetização. Nesse conceito, o ano do calendário é separado do ciclo escolar.

A progressão continuada se baseia no fato de que as crianças têm ritmos e estilos diferentes de aprender. Mas todos são capazes de aprender, e, às vezes, uns poucos meses a mais já são suficientes para que se verifiquem mudanças no comportamento e nas habilidades do estudante.

Por isso, muitas vezes é injusto e inadequado que, ao chegar o mês de dezembro, uma criança que ainda não está totalmente alfabetizada seja reprovada e tenha que começar, em fevereiro, tudo desde o zero, com colegas menores do que ela, como se não tivesse tido nenhuma evolução. Isso pode funcionar ao contrário do que se espera: gerar desmotivação e problemas de adaptação.

A escola não é uma fábrica que produz coisas em série e, quando aparece algo com defeito, deve mandar de volta para o início da linha de produção ou descartar. A escola lida com pessoas, e o processo precisa ser personalizado.

Nas redes públicas de ensino, a alta reprovação acaba expulsando milhares de crianças e jovens da escola, que, depois de falharem uma, duas, três vezes, concluem que eles "não têm jeito para o estudo". Será?

Quando Paulo Freire, o grande educador brasileiro, foi secretário de Educação do município de São Paulo, instaurou um ciclo inicial de alfabetização com três anos de duração. As bases eram justamente as ideias de que a alfabetização pode ser um processo mais longo e que esse sistema mantém a criança na escola e evita a evasão.

POR QUE A PROGRESSÃO CONTINUADA NEM SEMPRE FUNCIONA?

No Brasil, em geral, a progressão continuada não tem funcionado bem nas experiências que a adotaram. Veja por quê:

- Os pais não compreendem bem o sistema ("Meu filho foi passado de ano sem saber escrever nada!").
- Os professores não têm a preparação necessária para trabalhar nesse sistema ("A turma veio sem base nenhuma!").
- O trabalho de acompanhamento do aluno não tem continuidade, porque os professores mudam de um ano para outro, e os registros são falhos.
- Falta uma avaliação contínua e abrangente dos alunos para conhecer seus problemas.

Desse jeito, em vez de ajudar o aluno, o problema vira uma bola de neve. O estudante vai passando de ano sem saber a matéria, e depois, quando chega ao final do ciclo, a escola não sabe o que fazer com ele.

QUANDO UM SISTEMA DE PROGRESSÃO CONTINUADA PODE FUNCIONAR BEM?

Existem diversos fatores implicados para que um sistema de progressão continuada tenha os efeitos esperados. Veja alguns deles:

- ☺ Acompanhamento personalizado dos alunos, com registros cuidadosos.
- ☺ Avaliações contínuas e abrangentes para detectar avanços e problemas, e ações de correção.
- ☺ Envolvimento dos pais no acompanhamento dos alunos.
- ☺ Plano de orientação específica para os alunos com dificuldades.

Fique atento! Se esses itens não estiverem funcionando muito bem, é melhor não implantar a progressão continuada.

Repare que essas ações são as mesmas para outros processos que evitam a reprovação, como por exemplo a recuperação paralela.

O trabalho pedagógico adequado, o envolvimento das famílias e o compromisso do próprio estudante são ingredientes que, na maioria das vezes, evitam a reprovação.

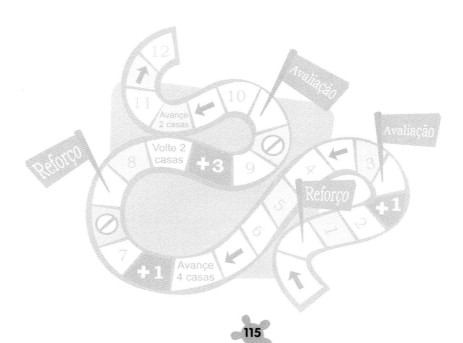

30

As escolas devem incluir alunos com deficiências?

Vamos à resposta, sem rodeios: sim! Primeiro, porque é um direito dos alunos com deficiências, garantido pela Constituição Federal e pela Lei das Diretrizes e Bases da Educação Nacional, além de outras normas da Federação. Segundo porque, de acordo com estudos, a convivência entre crianças com deficiências e outras crianças estimula a aprendizagem e é benéfica para ambas as partes.

Veja o que diz a Constituição Federal:

Art. 208 - O dever do Estado com a educação será efetivado mediante a garantia de:

(...)

III – Atendimento educacional especializado aos portadores de deficiência, preferencialmente na rede regular de ensino.

Veja o que diz a Lei das Diretrizes e Bases da Educação Nacional (Lei 9.394/96) – destaquei os trechos mais importantes para você notar:

CAPÍTULO V

DA EDUCAÇÃO ESPECIAL

Art. 58. Entende-se por educação especial, para os efeitos desta Lei, a modalidade de educação escolar, oferecida preferencialmente na rede regular de ensino, para educandos portadores de necessidades especiais.

§ 1º Haverá, quando necessário, serviços de apoio especializado, na escola regular, para atender às peculiaridades da clientela de educação especial.

(...)

Art. 59. Os sistemas de ensino assegurarão aos educandos com necessidades especiais:

I – currículos, métodos, técnicas, recursos educativos e organização específicos, para atender às suas necessidades;

(...)

III – <u>professores com especialização adequada</u> em nível médio ou superior, para atendimento especializado, bem como professores do ensino regular capacitados para a integração desses educandos nas classes comuns;

IV – educação especial para o trabalho, visando a sua efetiva integração na vida em sociedade (...).

Parágrafo único. O Poder Público adotará, como alternativa preferencial, a <u>ampliação do atendimento aos educandos com necessidades especiais na própria rede pública regular de ensino</u>, independentemente do apoio às instituições previstas neste artigo.

Poderia falar muito sobre casos emocionantes que comprovam os benefícios de investir com seriedade na educação de pessoas com deficiências. Vou citar apenas um: o caso de Patricia, que concluiu o curso de magistério e se tornou professora, sendo portadora de síndrome de Down. Segundo sua mãe, esse resultado se explica porque ela sempre estudou em escolas comuns, que a aceitaram e, em vez de a obrigarem a se adaptar a um padrão de ensino, se adequaram às suas necessidades.

A matrícula de uma criança com deficiência não pode ser recusada por uma escola, já que é um direito garantido por lei, e é recomendável pedagogicamente tanto para a criança como para a turma que ela vai integrar.

Mas atenção: cada família tem o direito de decidir o que considera melhor para seu filho. Há famílias que, mesmo com essa recomendação dos especialistas, preferem manter seus filhos em escolas especiais, dedicadas exclusivamente ao atendimento dos deficientes. Essa decisão pode ter vários motivos – inclusive o fato de que as escolas de ensino regular, públicas e particulares, ainda não têm condições de atender adequadamente ou demonstram preconceito e rejeição, em muitos casos.

UMA LEI, OUTRAS PRÁTICAS...

Infelizmente, na prática, o Brasil ainda está muito distante de incluir as crianças com deficiências na rede regular de ensino, e o conceito de escola inclusiva ainda está engatinhando em nosso país.

Veja quantos problemas acontecem:

☹ As escolas regulares matriculam a criança, mas a colocam numa turma formada só por crianças especiais.

- ☹ A escola não adapta o método para dar atenção às necessidades das crianças com deficiências, esperando que elas se adaptem à escola regular.
- ☹ As escolas não adaptam a sua estrutura física para atender às crianças com deficiências.
- ☹ Os professores não têm a formação necessária para lidar com a diversidade na sala de aula, e acabam deixando de lado as crianças com deficiências.
- ☹ Muitos pais de alunos reclamam quando há um estudante com deficiência matriculado na sua turma, pois "a turma pode se atrasar por causa dele".

Por tudo isso, muitos pais de alunos com deficiências, diante das enormes dificuldades encontradas, das barreiras sociais e escolares, e às vezes até mesmo por uma superproteção, acabam desistindo de matricular seus filhos em escolas regulares.

Fique atento! Qualquer escola que se recusar a matricular a criança especial pode ser denunciada ao Ministério Público.

ENTENDA O QUE É A EDUCAÇÃO INCLUSIVA
Cuidado para não confundir:

Educação especial → Atende especificamente as crianças com deficiências, separadas das outras crianças, retirando-as do ensino regular.

Educação inclusiva → Inclui as crianças com deficiências no ensino regular junto com os outros alunos. Isso implica uma mudança de cultura, das políticas e das práticas das escolas.

A educação inclusiva é democrática, entende que o ser humano é singular e está no centro dos processos educacionais, e que estes devem promover a inserção de todos – e não apenas de alguns.

O conceito de educação inclusiva se afina com a ideia de uma sociedade capaz de incluir todas as pessoas.

Na educação inclusiva, entende-se que as crianças não são deficientes e sim diferentes. E que as escolas, como centros responsáveis pela educação de todas as crianças (e não só de algumas), precisa se adaptar para atender às necessidades individuais de cada pessoa, tenha ela ou não uma necessidade especial. Assim, o objetivo não é tornar todas as crianças iguais, e sim respeitar as diferenças.

A educação inclusiva requer o emprego de diferentes métodos, para atender às diferentes necessidades e níveis de desenvolvimento – inclusive aquelas das crianças e jovens com altas habilidades (superdotados).

Colocar uma criança com deficiência na escola e não a atender é fazer uma inclusão excludente. Reforça a visão de que a criança é incapaz. Acaba sendo uma forma de retardar o fracasso, ou de torná-lo ainda mais doloroso e definitivo.

COMO É UMA ESCOLA CAPAZ DE ATENDER O ALUNO COM DEFICIÊNCIA

Uma escola que inclui o aluno com deficiências é assim:

- ☺ Tem arquitetura adequada, para que todos transitem com segurança e conforto.
- ☺ Tem métodos de ensino para atender a todos com igualdade de condições.
- ☺ Estimula a convivência e o intercâmbio entre os estudantes.
- ☺ Tem profissionais preparados (intérpretes de libras, professores de braile etc.).
- ☺ Ensina aos pais maneiras simples de enfrentar as necessidades do filho e os ajuda a ter paciência e a lidar com a situação.
- ☺ Envolve os pais de crianças com deficiências ao planejar atividades na escola.
- ☺ Cuida da cultura da comunidade escolar, preparando-a para aceitar a diversidade e realizando a verdadeira socialização.

Na escola regular, o aluno com deficiência enfrenta situações novas que funcionam como desafios. Isso promove um maior crescimento. As crianças se tornam menos dependentes dos pais, ganham autonomia e autoconfiança, ampliam seu círculo de amizades, e seu prazer de aprender aumenta.

Fique atento! Cada deficiência requer um conjunto de ações educacionais específicas e professores muito bem preparados. Deve sempre se resguardar o direito dos pais de escolher, em cada caso, como preferem que seu filho seja atendido (escola regular ou especial), conforme considerarem que será melhor para a criança ou jovem.

> ## VOCÊ SABIA QUE OS ADULTOS SÃO MAIS PRECONCEITUOSOS DO QUE AS CRIANÇAS?
>
> Em geral, as crianças percebem a diferença entre elas, mas não se recusam a conhecer, a estabelecer diálogo com outra criança que tenha deficiência. Muitas vezes a criança volta de casa apresentando preconceito, colocado pelos pais. A convivência entre crianças com deficiências e as outras costuma ser agradável, e todos só têm a ganhar.

Sabe por que todos se beneficiam com a educação inclusiva? Porque grupos de pessoas iguais, como modeladas por uma fôrma, são previsíveis e limitam o crescimento. Vivemos num mundo em que a incapacidade de tolerância e convivência pacífica entre o diferente gera guerras, mortes e destruição.

A grande riqueza da humanidade é a diversidade. A inclusão e o diálogo devem ser aprendidos, mas só as escolas que sabem incorporá-los na prática são capazes de ensiná-los.

A escola é um laboratório do mundo. Nela, a criança pode aprender a reproduzir a sociedade ou a transformá-la; a manter as injustiças ou a indignar-se e lutar por um mundo justo e fraterno.

A escola que exclui o diferente porque "não está devidamente preparada para acolhê-lo" como também os pais que exigem a exclusão dos "especiais" estão ensinando as crianças a reproduzir as estruturas injustas. Não percebem que formam mentalidades opressoras, egoístas e incapazes de ver o outro.

DICAS PRÁTICAS

Se você tem um filho (ou seu filho tem um colega) com alguma deficiência:

- Não se refira a crianças com deficiências com expressões depreciativas, como "incapaz", "coitada, presa numa cadeira de rodas", "retardada".

- Dissemine a ideia de que crianças com deficiências devem interagir com as demais e que todas podem aprender umas com as outras.

- Encoraje as crianças com deficiências para agir com autonomia, evitando fazer absolutamente tudo por elas, ou responder por elas.

- Troque ideias com outros pais.

Meu filho tem inteligência acima da média. A escola regular pode atendê-lo?

Em outros países, as crianças com altas habilidades, chamadas comumente de superdotadas, são procuradas como diamantes num garimpo. No Brasil não existe um atendimento adequado e as crianças com inteligência acima da média ficam, muitas vezes, desmotivadas no ensino regular, pois elas têm capacidade para aprender mais conteúdos em menos tempo do que seus colegas da mesma idade. Os superdotados têm grande curiosidade e interesse por conhecimentos novos de todo tipo, então a sala de aula regular é pouco estimulante.

Se você já fez o diagnóstico do seu filho com profissionais especializados e verificou que ele tem inteligência acima da média, converse com a escola e solicite uma atenção diferenciada. Além disso, ofereça a ele oportunidades de aprendizagem para além da escola. Se você não estimular as altas habilidades detectadas, isso pode levar a uma diminuição da capacidade intelectual. Conclusão: ele não vai desenvolver todo o seu potencial.

PARA VOCÊ LEMBRAR

- O ensino deve ser ligado com a vida. Assim o aluno aprenderá mais.
- O ensino saiu do acúmulo de conteúdos teóricos para a aplicação na prática, a formação da autonomia intelectual e o desenvolvimento da cidadania.
- O método didático mais eficaz é aquele em que o aluno é o principal ator do processo, podendo se expressar e construir ativamente o conhecimento.
- O professor não é mais um transmissor de conteúdos, e sim um orientador da aprendizagem. Está mais próximo do aluno e o estimula a pesquisar e compartilhar o conhecimento com iniciativa e autonomia.
- Cabe ao professor contribuir com a formação em valores, ensinando atitudes e promovendo a paz, a justiça e a solidariedade através das aulas.
- A escola de hoje inclui mídias e tecnologias como ambientes de aprendizagem. Esse processo deve ser conduzido por professores bem-preparados.
- A avaliação do aluno precisa ser contínua, e não restrita ao final do período. E deve ser diversificada, não contendo só provas de conteúdo.
- A avaliação é um diagnóstico a partir do qual o professor pode conhecer problemas e avanços dos alunos e planejar adequadamente as próximas etapas.
- O processo de avaliação não deve provocar no aluno tensão nem estresse excessivos.

- A autoavaliação promove a reflexão pessoal e motiva para a autossuperação, além de estimular o compromisso do aluno com o próprio desenvolvimento.

- A recuperação é uma oportunidade para que o aluno aprenda. Funciona melhor quando é realizada paralelamente, e não só no final do ano.

- Nem sempre repetir o ano todo é a melhor estratégia para que o aluno aprenda.

- A educação de hoje inclui os alunos com deficiências no ensino regular. Esse conceito se afina com a ideia de uma sociedade inclusiva e tem vantagens tanto para os alunos com deficiências, como para aqueles do ensino regular, desde que haja professores qualificados e métodos e recursos adequados a cada caso.

PARTE IV

Como ajudar seu filho a alcançar resultados excelentes

"*A educação é um ato de amor e, por isso, um ato de coragem.*"

Paulo Freire (1921-1997)
Educador

Estudo de Caso

Essa não, problemas na escola!?

Quando Tiago foi chamado pela professora para dizer o seu nome, sentiu um friozinho na barriga. Era seu primeiro dia de aula.

Grande responsabilidade: finalmente estudar!

Ele disse o seu nome bem baixinho, e a professora perguntou: "Você é de onde, Tiago?"

E ele:

– Paraíba.

– Nós é paraíba! – falou logo o valentão da turma, imitando a voz do menino e exagerando num sotaque carregado.

– Ráaaaaaaaaa! Ele é paraíba!!!! – seguiram-se outros colegas do valentão, numa sonora gargalhada.

Tiago calou-se e abaixou a cabeça, sem entender: Esses eram os coleguinhas que esperavam por ele? E a mãe nem havia avisado nada.

O menino olhou para a professora num misto de pedido de socorro e desespero. Ela disse:

– Silêncio, crianças, abram o livro na página sete.

Na hora do recreio, o valentão da turma ficou atrás de Tiago o tempo todo.

– Tí – á - gu, préeeesênte! – falava ele, imitando a pronúncia do outro.

Tiago se recolhia quieto e comia o sanduíche que a mãe havia preparado, sentindo as orelhas coçarem e o rosto vermelho. "O que é que eu vim fazer aqui?", se perguntava, torcendo para que o recreio acabasse logo.

Mal sabia que começava naquele dia o ano mais difícil da sua vida.

Nem sempre as coisas vão bem na escola. Notas baixas, falta de estudo, problemas de relacionamento e até agressões entre colegas. É pena, mas são coisas que acontecem.

O que você pode fazer para ajudar seu filho a enfrentar e superar os problemas que surgem ao longo da vida escolar? Qual é exatamente a sua participação em cada situação?

Nesta parte do livro você terá orientações bem práticas para apoiar seu filho e conseguir, junto com ele e com a escola, os melhores resultados.

31

Para os melhores resultados: o que fazer e o que não fazer?

O que você pode fazer na prática para melhorar o aprendizado?

Você já viu, logo na primeira parte deste livro, que para garantir a qualidade do ensino e um bom rendimento do seu filho nos estudos a sua participação é muito importante. Mas o que fazer exatamente, no dia a dia, para acompanhar a vida escolar?

Siga estas orientações:

- ☺ Ajude seu filho a organizar o tempo, de forma que ao longo da semana existam momentos especificamente reservados para o estudo e as tarefas de casa.
- ☺ Considere que seu filho precisa dormir no mínimo oito horas por dia. Cuide da qualidade do seu sono. Dormir bem favorece a capacidade de aprender.
- ☺ Mais importante do que ensinar os conteúdos da escola é ensinar comportamentos. Mostre a seu filho a importância do estudo.
- ☺ Invista, na medida das suas possibilidades, na montagem de um ambiente adequado para o estudo, com um computador, livros e materiais de consulta.
- ☺ Mostre interesse verdadeiro pelo dia de seu filho na escola e aprenda os nomes dos professores e colegas próximos.
- ☺ No caso de crianças menores, que cursam o ensino fundamental, fique atento às tarefas de casa. Verifique se tem algo em branco e se é possível ajudar.
- ☹ Participe das reuniões de pais, sempre. Elas são importantes mesmo quando está tudo bem com seu filho.
- ☹ Desperte o interesse do seu filho pelas aulas. Uma forma é associar atividades do dia a dia com conhecimentos da escola.
- ☹ Verifique a qualidade do lanche que seu filho consome na escola. Alimentos muito gordurosos ou açucarados podem provocar sono na aula. Mas ele não deve ficar sem comer! Prefira uma fruta, um iogurte ou um sanduíche leve no pão integral.

- ☺ Quando ajudar seu filho em alguma tarefa, verificar seus deveres ou conversar sobre os estudos no dia a dia, mantenha uma atitude tranquila e de bom humor, mostrando-se bem-disposto e assumindo uma postura de parceria e companheirismo.
- ☺ Invista em jogos educativos. Eles estimulam a inteligência, além de favorecer a iniciativa e desenvolver a linguagem, a capacidade de concentração e o raciocínio.

Os pais que não têm muita instrução também podem ajudar?

Claro que sim! Os pais não precisam explicar as matérias aos filhos se não dominarem o assunto. Mas é muito importante que eles:

– Mostrem aos filhos que valorizam o estudo.

– Façam todo o esforço possível para manter seus filhos na escola, mesmo quando houver problemas financeiros na família.

– Ajudem seus filhos a formar o hábito de estudar, dedicando-se diariamente.

– Vão a todas as reuniões de pais. Alguns pais com baixa instrução deixam de ir à escola por vergonha. Mas as reuniões não são feitas para julgar os pais, e sim para conhecer mais o contexto do aluno e tornar a educação melhor.

DICAS PRÁTICAS

- Defina um horário fixo por dia para realizar as tarefas de casa e para estudar as matérias. Mostre a seu filho que o horário do estudo é um horário nobre.

- Ensine seu filho a fazer resumos com os pontos principais de cada matéria.

- Ajude-o a criar um ambiente limpo e organizado para o estudo. Assim evitará que outras coisas consumam a sua energia e atenção no momento de aprender.

- Peça a ele que faça uma apresentação para você. Leve em conta que nós aprendemos: 10% do que lemos; 20% do que ouvimos; 30% do que vemos; 40% do que vemos e ouvimos; 70% do que discutimos com outros; 80% do que experimentamos pessoalmente e 95% do que ensinamos a alguém.

- Realize atividades culturais para ampliar a visão de mundo e a bagagem de conhecimentos do seu filho e assim potencializar os resultados escolares. Por exemplo: visita a museus, passeios a lugares históricos, idas ao teatro.

- Organize um grupo de estudos com alguns colegas de seu filho, que se reúna periodicamente. Estudar em grupo pode ser mais motivador e divertido.

- Se você tiver levado trabalho para casa, convide seu filho para trabalhar junto: ele com seus materiais da escola, você com as suas coisas. Ele perceberá que não é o único a fazer tarefas de casa!

- Mostre a seu filho que o estudo rende mais se ele se concentrar – e isso requer desligar um pouco o celular, o game, a televisão, a internet.

- Estudo primeiro, lazer depois – e não o contrário. Mostre a seu filho a conveniência de organizar as atividades assim. É bem melhor ficar em dia com as obrigações primeiro e depois ter o prêmio dos momentos de lazer.

AUTOCONFIANTE PARA APRENDER MAIS

Você já pensou?

Imagine que você se esforçasse muito para aprender a fazer algo e, ao conseguir, alguém mais experiente dissesse: Até que enfim, pensei que você não fosse capaz de fazer isso nunca!

Como você iria se sentir?

Você sabia que a autoestima é fundamental para aprender?

A imagem que os pais têm dos seus filhos é bastante decisiva para a imagem que os filhos terão de si mesmos.

Pais que menosprezam o filho, vivem criticando seu modo de ser, fazendo comparações com outras crianças e jovens "melhores", "mais esforçados", ou "mais estudiosos" reforçam nos filhos a crença de que eles valem menos do que os demais.

Ao contrário, pais que valorizam os filhos levam as crianças e jovens a se valorizar também. Se você faz o seu filho se sentir importante, ele realmente sentirá que tem importância para você e para os demais.

Isso não significa que você nunca pode repreender o seu filho, nem conversar com ele sobre algo que ele fez de errado. Também não significa nunca dizer não.

Se você só elogiar, nem o seu próprio filho vai acreditar em você! Além disso, o excesso de elogios pode acabar gerando uma pessoa insegura, que depende o tempo todo do julgamento e da aprovação ou validação dos outros. Busque o equilíbrio entre os limites e o reforço positivo.

Existem pais que não aceitam seus filhos. Existem outros que, quando têm vários filhos, acabam se aproximando mais daqueles com quem têm maior afinidade, com o que se parece mais com eles no modo de ser. A rejeição, consciente ou inconsciente, é sempre percebida.

Fique atento a esse ponto, ele é fundamental para o sucesso do seu filho na escola e na vida.

Mostre a seu filho que você o valoriza e que está entusiasmado com a pessoa que ele é.

Quando você diz certas coisas, seu filho entende algo para além da frase. Quer ver?

Que ótimo! Você foi capaz de fazer isso! → **Sou capaz.**
Eu sei que você vai conseguir. → **Sou capaz.**
Sei que você fez isso sem querer. → **Não devo repetir o que fiz.**
Você sabe que gosto demais de você. → **Sou amado.**
Se precisar de alguma coisa, pode me pedir. → **Tenho um amigo.**
Sei que você é bom. → **Sou bom.**
Você está de parabéns! → **Sou capaz e quero fazer ainda mais.**
Tenho muito orgulho de você. → **Estou satisfeito com o que sou e faço.**
Cada dia você progride mais! → **Quero ser melhor ainda.**
Estou certo de que as próximas notas serão melhores. → **Vou me esforçar mais.**

SAIBA AS COMPETÊNCIAS QUE VOCÊ DEVE AJUDAR A DESENVOLVER NO SEU FILHO

O mercado de trabalho e a própria vida em sociedade exigem uma série de competências e de posturas, que a educação deve ajudar a desenvolver desde cedo.

Veja algumas delas e conheça maneiras de potencializá-las:

Competência/Disposição	Ações para ajudar a desenvolvê-las
Autoestima e autoconfiança	• Estimule seu filho a se conhecer e gostar de si mesmo. Se achar necessário, conte com a ajuda de um acompanhamento psicológico. O psicólogo não é "só para quem tem problemas" (aliás, quem é que não tem?), mas para ajudar a pessoa a se entender melhor, se aceitar, superar seus traumas e frustrações.
	• Não viva criticando seu filho e fazendo comparações com outros, como o irmão mais velho, ou o filho de seus amigos.
	• Valorize seu filho como ele é e ajude-o a superar seus limites e defeitos, e tornar-se uma pessoa melhor, mas sem ser depreciativo. Faça isso com respeito e amor.
	• Destaque os sucessos escolares de seu filho.
	• Participe da vida escolar, compareça à escola sempre que houver oportunidade, apoie-o e mostre-se presente.

Continua

Continuação

Proatividade, iniciativa e autonomia	• Encoraje seu filho quando ele vier lhe falar de ideias novas, projetos diferentes. Evite cortar as ideias de primeira, mesmo que elas pareçam impossíveis. Não ridicularize ideias novas. • Proponha atividades que estimulem a curiosidade, a pesquisa, a criatividade. • Não resolva as coisas por ele. Faça com que ele assuma progressivamente a organização de sua agenda, a resolução dos seus problemas, as suas decisões. • Envolva-o na organização dos programas culturais, das viagens de família. Por exemplo: O que tem de interessante para se conhecer em determinada região? Quanto tempo leva para chegar lá? Peça sua ajuda para pesquisar. • Estimule-o a identificar, nas diversas situações da vida, as suas possibilidades, seus direitos, suas necessidades e limites. • Peça-lhe que assuma um projeto da casa (por exemplo: ajudá-lo a reduzir os gastos no orçamento familiar), e leve-o a desenvolver estratégias, individualmente ou com o resto da família.
Capacidade de aprender ao longo da vida	• Estimule outras aprendizagens para além da escola: livros, cursos presenciais ou a distância que possam complementar a sua formação. Matricule-o, na medida das suas possibilidades, em atividades que desenvolvam outras habilidades: música, esportes, dança, teatro? Veja aquela com a qual ele mais se identifica. Incentive-o a conhecer mais sobre essa atividade, lendo e pesquisando a respeito. • Promova atividades culturais. • Mantenha em sua casa um ambiente de valorização do saber: leia jornais e livros na frente de seu filho, comente novas descobertas, mostre que você também aprende o tempo todo e isso faz de você uma pessoa melhor.
Relacionamento interpessoal Intercâmbio e compartilhamento de conhecimentos Respeito às diferenças Tolerância diante da diversidade	• Invente programas para fazer com outros colegas, como por exemplo ir ao cinema ver um filme interessante e depois fazer um debate em casa; ou fazer um sarau cultural em casa, no qual cada um apresenta algo, de acordo com seus talentos (música, poesia, piada, dança, conto, esquete teatral etc.). • Embora sair só com seu filho possa ser muito bom, encontre também programas nos quais ele possa levar um ou mais colegas. • Prefira escolas nas quais as diferenças são bem aceitas e trabalhadas. Por exemplo, escolas inclusivas, nas quais as crianças com deficiências estudam junto com as demais, no ensino regular. • Valorize o multicultural. Por exemplo, visite regiões do Brasil em momentos de festas típicas e mostre a riqueza que é a diversidade cultural para um país. Ensine seu filho a ver nas diferenças uma oportunidade de crescimento e aprendizagem.

Continua

Continuação

Capacidade de exercer a cidadania ativa	• Ensine seu filho a não ser um receptor passivo de informação dos meios de comunicação, mas a analisar o que vê e lê, fazer críticas, formar suas opiniões.
	• Comente notícias do dia e dialogue sobre seus pontos de vista. Nos momentos de eleições, participe ativamente, conhecendo as propostas dos candidatos, envolvendo-o nas escolhas e fazendo com que ele exponha seus argumentos. Não desmotive a participação política com frases como: "Nem adianta a gente votar, depois tudo fica igual"; "Melhor votar em branco"; ou "Não vamos perder tempo com isso."
	• Envolva-se em atividades de serviço à comunidade, através de voluntariado ou do apoio a alguma ONG; mostre a seu filho a importância social desse projeto e convide-o a se engajar. Deixe que ele escolha progressivamente que tipo de engajamento social prefere ter.
	• Invente alguma atividade com colegas dele na qual seja necessário que coopere com outros e compartilhe liderança, enfrentando e gerenciando conflitos e tendo que conviver com regras, ou mesmo elaborá-las.
	• Promova o consumo consciente dos recursos (energia, água...), a preocupação com a coleta seletiva do lixo, o consumo consciente dos bens materiais. Mostre os efeitos do consumismo e o valor de não se deixar levar pelos modismos e pelo desejo de comprar coisas mesmo sem precisar delas.

DESAFIO

Você conhece os pilares da educação para o século XXI propostos pela UNESCO?

– Aprender a conhecer → Aquisição dos conhecimentos.

– Aprender a fazer → Saber aplicar na prática os conhecimentos teóricos.

– Aprender a ser → Desenvolver valores e atitudes e formar-se como pessoa.

– Aprender a conviver → Descobrir e aceitar os demais e aprender com as diferenças.

Pense a respeito: você está atento, na educação que oferece a seu filho, a esses quatro pilares, essenciais para um ser humano do século XXI?

Qual desses aspectos você considera que precisa reforçar um pouco mais do que tem feito até hoje? Como você vai fazer isso?

DICAS PRÁTICAS

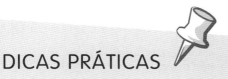

Para criar o hábito de estudo:

- Explique a seu filho a importância da regularidade, comparando com o que fazem os atletas: eles treinam todos os dias. E, se quiserem correr uma maratona, não vai adiantar treinar só na semana anterior.

- Faça com ele um quadro como este e pendure na porta do armário:

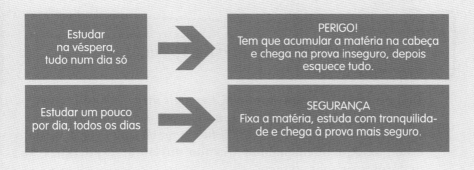

E QUANDO SEU FILHO PREFERE QUE VOCÊ NÃO PARTICIPE?

Alguns pais me escrevem com a seguinte dúvida:

– *Eu gostaria muito de participar mais, só que meu filho não deixa! Não posso nem chegar perto dos deveres de casa que ele reclama.*

Existem casos assim. Se as notas estiverem boas, e se você tem um retorno da escola sobre o desempenho global da criança ou jovem, e está tudo bem, não há com o que se preocupar. Ao contrário: essa atitude mostra que seu filho se considera capaz de trabalhar sozinho, acredita em seu potencial e prefere assumir o próprio plano de estudos sem a sua interferência direta.

Mas lembre-se sempre de que, mesmo respeitando esse espaço, você precisa demonstrar que está próximo para o que ele precisar. Mostre que você está atento e que se interessa pelas suas coisas, na escola e na vida em geral.

SAIBA O QUE NÃO FAZER AO ACOMPANHAR OS ESTUDOS DO SEU FILHO

No acompanhamento dos estudos você *não* deve:

- ☹ Fazer as tarefas pelo seu filho.
- ☹ Mandar que ele decore as coisas para responder na prova, mesmo sem entender.
- ☹ Aplicar castigos quando percebe que ele não aprende.
- ☹ Passar exercícios mecânicos e repetitivos que não envolvem raciocínio.
- ☹ Encher tanto a agenda dele com atividades que não sobre tempo para estudar.
- ☹ Falar do estudo como algo enfadonho, "um mal necessário".
- ☹ Estudar com ele numa postura de má vontade, indisposição ou impaciência.

> **VOCÊ SABIA QUE EXISTEM DIVERSOS ESTILOS DE APRENDIZAGEM?**
>
> Tem pessoas que, para aprender, são mais visuais: sublinham as frases, compreendem melhor vendo uma imagem ou um vídeo.
>
> Outras são auditivas: ficam lendo a matéria em voz alta, por exemplo. Aprendem melhor quando ouvem as explicações de um professor sobre o tema.
>
> Outras, ainda, são cinestésicas: a aprendizagem está associada também a movimentos ou ao fazer algo. Por exemplo, crianças que aprendem o alfabeto montando bloquinhos com as letras, ou alunos que, ao ouvir uma palestra, preferem ficar fazendo algo (por exemplo, anotando o que escutam).
>
> Uma pessoa pode ter uma tendência para um único estilo ou integrar todos.
>
> Verifique qual é o estilo de aprendizagem do seu filho. Se ele for inclinado para o estilo auditivo, não adianta dizer: "Pare de falar, faça a leitura silenciosa."
>
> Ao mesmo tempo, procure estimular a aprendizagem também pelos outros estilos. Assim, ele pode desenvolver novas capacidades.

32

Como seu filho pode gostar de ler?

VOCÊ JÁ PENSOU?

Imagine que você entra numa livraria, começa a folhear as páginas dos livros que mais lhe interessam e, de repente, chega o vendedor e diz:

– Este é o livro que você vai ler.

E você:

– Obrigado, mas eu prefiro procurar um pouco mais e...

– Você não entendeu. O livro é este, e ponto. Já está decidido.

Como você se sentiria?

Você já pensou que, na escola, muitas vezes o aluno não pode escolher o que lê?

Com a internet e os jogos eletrônicos, todo mundo poderia imaginar que as crianças e jovens lessem cada vez menos. No entanto, no Brasil, está acontecendo o contrário. Pelo menos é o que indica a venda de livros infantojuvenis, que aumenta cada ano.

Segundo recentes pesquisas, a internet não atrapalha, e sim desperta o interesse para a leitura. As crianças e jovens leem e escrevem muito na internet, e isso acaba abrindo as portas para a leitura de livros.

Além disso, as crianças e jovens que usam a internet gostam mais de ler porque descobrem os textos de forma motivadora, sem imposição.

Por outro lado, muitos pais me escrevem dizendo: "meu filho não gosta ler". Por que isso acontece?

Na maioria das vezes a criança ou o jovem não gostam de ler devido a experiências negativas que tiveram com relação à leitura. Por exemplo:

☹ Na escola: é uma leitura imposta (não é o aluno que escolhe o livro) e nem sempre é contextualizada.

☹ Os livros podem não ser adequados para a faixa etária do aluno (ele não entende o contexto, a linguagem tem palavras difíceis).
☹ Ele precisa fazer prova sobre o livro, o que associa a leitura a pressão e estresse.

As pessoas têm mais chances de gostar de ler quanto mais prazerosas forem as experiências com leitura.

Este é um tema bem especial para mim, pois fui professora de literatura ao longo de vários anos de minha carreira, e sempre defendi uma bandeira: é verdade que a escola precisa indicar alguns dos livros que a criança e o jovem precisarão ler, pois esses títulos e autores fazem parte da formação básica, são como componentes curriculares.

No entanto, nem todos os livros deveriam ser escolhidos pelo professor. Precisa existir, em diversos momentos, a possibilidade de que o aluno decida o que ler, mesmo que seja entre um conjunto mais amplo de livros pré-selecionados pela escola.

Afinal, nós chegamos aos textos e aos livros porque somos seduzidos por eles. Porque nos sentimos atraídos por seu título, seu tema, a cor da capa, um trecho que lemos ao acaso, uma indicação de um amigo, uma intuição.

LER É FUNDAMENTAL
A leitura é muito importante porque, entre outras competências, ajuda a desenvolver:

- A imaginação e a criatividade.
- O raciocínio lógico e a capacidade de interpretar.
- A capacidade de comunicação e expressão.

Além disso, quanto mais a pessoa ganha habilidade para ler, mais ela consegue decifrar todo tipo de texto: as explicações de história, geografia, ciências.

E o principal: a leitura ajuda para a vida. Com a leitura você conhece culturas, personagens, lugares e situações que não conheceria no seu dia a dia. Você consegue se posicionar melhor como cidadão, porque se torna mais crítico. A leitura pode nos tornar pessoas melhores, com mais sensibilidade.

SIGA ESTES PASSOS

Passo 1: Faça da leitura um prazer

A leitura não pode ser vista como um fardo, uma obrigação, um mal necessário. Torne esse ato prazeroso.

Permita que seu filho escolha alguns livros para ler, sem fazer pressão e cobrança para ver em que página ele parou.

Se ele se desinteressar de um livro não o obrigue a terminar (a não ser que seja de leitura obrigatória pela escola), ofereça outro diferente.

Com crianças menores, participe o quanto possível das práticas de leitura. Sente para ler com seu filho, faça dessa hora um espaço de relaxamento e bem-estar.

Passo 2: Converse com seu filho sobre o que ele leu

De que adianta ler centenas de páginas se as mensagens não tiverem efeito sobre nós? É como comer muitas coisas e não fazer a digestão. Você assistiu ao filme *Sociedade dos poetas mortos*? O professor de literatura diz aos alunos algo mais ou menos assim: "Não lemos e escrevemos poesia porque é bonitinho. Lemos e escrevemos poesia porque somos membros da raça humana e estamos repletos de paixão. A poesia, beleza, romance, amor... é para isso que vivemos."

Então, não se preocupe tanto, ao conversar sobre o livro, em checar se seu filho lembra o nome exato de um personagem, ou descobrir se pulou páginas.

Interesse-se mais em ajudá-lo a atribuir sentido ao que leu, fazendo perguntas como:

- Você acha que essa história tem a ver com a sua vida? Por quê?
- Você achou algum personagem parecido com você? E com a sua família?
- Com quem você mais se identificou na história? Por quê?
- Se você fosse (determinado personagem), o que faria no lugar dele?

mesmo vale para quando seu filho ler um trecho de um livro em voz alta. Se ele pronunciar uma palavra errada, não interrompa, mantenha o fluxo da leitura. Se o objetivo principal da atividade é ler e estimular o prazer de ler, não torne a sessão um momento penoso em que você corrige o tempo todo. Depois você pode revisar com ele os principais pontos e mostrar as correções necessárias.

Passo 3: Crie uma rotina e escolha momentos tranquilos para as sessões de leitura

Lembra que, no capítulo anterior, você viu a importância de organizar a agenda do seu filho, deixando espaços para o estudo? Faça o mesmo com a leitura. Não adianta encher a agenda. Planeje espaços para ler ao longo da semana.

Para ler junto com ele, escolha horas tranquilas, em que ele está menos agitado. Prefira um lugar calmo.

Não precisa ser muito tempo, bastam alguns minutos por dia, sobretudo com crianças menores.

Passo 4: Faça da experiência da leitura uma experiência de sucesso

As leituras precisam ser adequadas à idade. Se seu filho não conseguir entender bem o que lê, não vai gostar. Quando eu dava aulas de literatura no 1º ano do Ensino Médio, o programa previa a leitura de *A paixão segundo G.H.* de Clarice Lispector. Clarice é bárbara, mas a experiência com os alunos foi um fracasso. Eles não gostaram nem um pouco!

No ano seguinte, conseguimos mudar o programa, mostrei outros livros de Clarice para os alunos e eles escolheram *A hora da estrela*. É um livro um pouco mais curto, uma história mais fácil de compreender. Além disso, assisti ao filme com a turma e comparamos as versões. Os alunos ficaram muito mais interessados por esse romance.

A dica, então, é: não fique ansioso pelo progresso do seu filho, escolha bem as leituras para cada etapa da sua vida. O livro precisa ser adequado ao nível de maturidade do leitor.

Se ele ler e não entender, porque tem palavras difíceis ou uma mensagem complexa, o efeito pode ser contrário. Uma experiência educacional malsucedida sempre deixa sequelas. Ele pode demorar a querer voltar a ler de novo.

Proponha leituras instigantes, mas acessíveis, para que a experiência de ler seja um sucesso e assim ele vá ganhando confiança para desafios mais complexos.

Se tiver dúvidas sobre qual livro é adequado para sua idade, peça a orientação da escola. Algumas editoras colocam, em seu site, listas com indicações de livros por faixa etária.

Passo 5: Visite livrarias e varie os recursos e os materiais de leitura

Convide seu filho para visitar bibliotecas, livrarias, sebos, feiras de livros. Permita que ele passeie por lá o tempo que quiser e folheie os livros pelos quais se interessa.

Visite também sites que oferecem materiais interessantes para a leitura. Baixe livros disponíveis para serem lidos em formato eletrônico. Alguns livros infantojuvenis vêm com uma diversidade de opções: leitura em voz alta, personagens com vozes, movimento e animação, cores... Aproveite o que a tecnologia oferece.

Mas não deixe de lado os livros impressos. Livros eletrônicos e impressos convivem naturalmente, e um não substitui o outro.

Varie: revistinhas infantis, livros só com figuras, histórias em quadrinhos, jornais, livros de histórias, prosa e poesia.

Passo 6: Invente atividades divertidas a partir dos livros
Por exemplo, que tal colocar em prática uma destas ideias?

- Fazer o julgamento simulado de um personagem da história.
- Montar um telejornal sobre os principais fatos do enredo e fazer entrevistas fictícias com os personagens.
- Organizar um sarau com colegas, em que cada um apresenta: um conto, uma poesia, uma crônica ou teatrinho adaptado.

Passo 7: Dê o exemplo
Os pais de Sabrina, que hoje é uma médica muito bem-sucedida, me contaram que, quando ela ainda não estava alfabetizada, já fingia ler. Como isso acontecia?

Desde criança, ela deitava na cama entre o pai e a mãe, e os dois liam livros antes de dormir. Para imitá-los, Sabrina pegava uma revistinha de criança e ficava olhando seriamente para cada página. Depois de alguns instantes, virava a folha, como se realmente estivesse lendo. O fato é que Sabrina passou pela alfabetização com facilidade e depois continuou lendo e muito – agora de verdade.

Lembre-se: pais leitores formam filhos leitores.

DICAS PRÁTICAS

Para criar o hábito de leitura e escrita:

- Seja positivo nos comentários quando seu filho fala de um livro que leu. Seus comentários positivos aumentam a confiança.

- Não leia o que seu filho escreve simplesmente buscando corrigir os erros de gramática. Você pode até corrigir. Mas mostre que está interessado na mensagem e que o conteúdo é relevante para você.

- Com crianças ainda não alfabetizadas, leia em voz alta para elas. Ouvir músicas que têm histórias também é interessante.

- Leia com seu filho todas as semanas.

- Ao falar dos livros com crianças menores, use expressões como:

"Muito bom, estou gostando mais do livro explicado por você!"

"Não tinha percebido este detalhe que contou, você é bem inteligente!"

33

Seu filho pode gostar de matemática: saiba como

POR QUE A MATEMÁTICA É TÃO TEMIDA PELOS ESTUDANTES?

VOCÊ JÁ PENSOU?

Imagine se, numa reunião de amigos, alguém dissesse casualmente:
– Eu sou péssimo para ler e escrever, sou quase analfabeto!
Ninguém fala isso, não é?
No entanto, é bastante comum ouvirmos um adulto bem-sucedido dizer coisas como:
– Eu sou péssimo em matemática!
Ou:
– Sou muito ruim para contas.
Por que será?

As pessoas costumam lidar com a matemática como se ela fosse algo com o qual nascemos ou não, como um "gene da matemática", um dom que você tem ou não.

As primeiras experiências com matemática na escola parecem, muitas vezes, reforçar isso. Pelo fato de a matemática não ser bem trabalhada, com desafios adequados às possibilidades de cada criança, o aluno é facilmente levado a pensar que não é suficientemente inteligente para essa disciplina, que não tem jeito para contas ou que matemática é difícil demais.

No entanto, a maior parte das crianças tem total condição de aprender matemática, e num nível até bastante alto. Isso depende de vários fatores, e um deles é o método usado.

ENTENDA PARA QUE SERVE ESTUDAR MATEMÁTICA

Fala-se muito da importância da matemática para desenvolver o raciocínio, mas ela serve para muito mais do que isso. A matemática é importante para:

- Formar as capacidades intelectuais.
- Estruturar o pensamento.
- Dar agilidade às operações mentais.
- Aprender a criar estratégias.
- Formular justificativas.
- Estruturar argumentações.
- Analisar dados, explorar situações-problema, testar hipóteses, pensar de forma lógica.

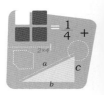

Além disso, a matemática estimula a criatividade, o trabalho coletivo, a iniciativa pessoal.

A matemática estimula a autonomia! Ao resolver problemas, a criança e o jovem ganham mais confiança na própria capacidade de conhecer e enfrentar desafios cada vez mais complexos.

COMO O ENSINO DE MATEMÁTICA MUDOU NOS ÚLTIMOS TEMPOS?

Você já viu que a forma de ensinar mudou. Isso também aconteceu com a matemática. Antes se ensinava matemática:

- ☹ Pela memorização pura → decorar fórmulas e fazer exercícios repetitivos, treinando mecanicamente fórmulas e algoritmos, sem usar raciocínio.
- ☹ Transmissão de conteúdos sem participação dos alunos → o professor explica uma fórmula ou uma regra, os alunos ouvem, depois aplicam nos exercícios.
- ☹ Conteúdos fora do alcance dos alunos → problemas complicados sem aplicação prática, cálculos numéricos trabalhosos, uso exagerado de linguagem técnica.

Veja dois exemplos do método daquela época, adaptados de livros de décadas anteriores:

COMO ENCONTRAR O M.M.C. (Mínimo Múltiplo Comum)

Regra:

1. Escreva todas as expressões, em linhas separadas por vírgulas, e sublinhe-as.

2. Ache um fator primo que divida exatamente uma dessas expressões.

3. Escreva debaixo os quocientes e as expressões que não forem divisíveis por ele.

4. Divida a nova linha de expressões por um fator primo, que divida uma das expressões.

5. As expressões primas dividem-se por si mesmas, para que todos os fatores fiquem à direita e todos os quocientes sejam 1.

6. O continuado produto de todos os fatores primos será o M.M.C.

Se você não é formado em matemática e conseguiu entender alguma coisa, merece um prêmio!

E veja o encaminhamento deste exercício, também adaptado de um livro didático:

EXERCÍCIOS

Os 10 exercícios abaixo devem seguir o modelo apresentado:

$a^2 - b^2 = (a + b)(a - b)$

Na parte teórica do livro, eram descritas as propriedades; e nos exercícios cabia ao aluno seguir o modelo, sem nenhuma ligação com o contexto, sem saber para que isso servia exatamente ou como podia ser aplicado na vida concreta.

Hoje o ensino da matemática está bem mais próximo do aluno. Nas escolas que adotam métodos atuais, que têm bons professores e usam livros didáticos alinhados com essa vertente, as aulas de matemática são assim:

☺ Têm a ver com a vida prática → os problemas têm aplicação real, com sentido.

☺ Ênfase na resolução de desafios e incorporação de jogos → para estimular a curiosidade, o sentido crítico, o gosto por enfrentar e resolver problemas.

☺ Relação com a cidadania → afinal, para exercer a cidadania, é necessário saber calcular, medir, raciocinar, argumentar, tratar informações estatisticamente etc.

Veja agora dois exemplos desse novo modelo de ensino.

Primeiro, uma questão própria para alunos do Ensino Fundamental, que já apareceu numa prova da Olimpíada Brasileira de Matemática das Escolas Públicas.

Para fazer 24 pães, um padeiro usa exatamente 1 quilo de farinha de trigo, 6 ovos e 200 gramas de manteiga. Qual é o maior número de pães que ele conseguirá fazer com 12 quilos de farinha, 54 ovos e 3,6 quilos de manteiga?

(A) 200

(B) 216

(C) 228

(D) 300

(E) 432

Agora conheça uma questão do ENEM – Exame Nacional do Ensino Médio disponibilizada pelo Ministério de Educação:

A cada ano, a Amazônia Legal perde, em média, 0,5% de suas florestas. O percentual parece pequeno, mas equivale a uma área de quase 5 mil quilômetros quadrados. Os cálculos feitos pelo Instituto do Homem e do Meio Ambiente da Amazônia (Imazon) apontam um crescimento de 23% na taxa de destruição da mata em junho de 2008, quando comparado ao mesmo mês do ano 2007. Aproximadamente 612 quilômetros quadrados de floresta foram cortados ou queimados em quatro semanas. Nesse ritmo, um hectare e meio (15 mil metros quadrados ou pouco mais de um campo de futebol) da maior floresta tropical do planeta é destruído a cada minuto. A tabela abaixo mostra dados das áreas destruídas em alguns estados brasileiros.

Estado	Agosto/2006 a junho/2007 (km²)	Agosto/2007 a junho/2008 (km²)	Variação
Acre	13	23	77%
Amazonas	146	153	5%
Mato Grosso	2.436	2.074	−14%
Pará	1.322	1.936	46%
Rondônia	381	452	19%
Roraima	65	84	29%
Tocantins	6	29	383%
Total	4.370	4.754	9%

Correio Braziliense, 29 jul. 2008.

Supondo a manutenção desse ritmo de desmatamento nesses estados, o total desmatado entre agosto de 2008 e junho de 2009, em valores aproximados, foi:

(A) inferior a 5.000 km².

(B) superior a 5.000 km² e inferior a 6.000 km².

(C) superior a 6.000 km² e inferior a 7.000 km².

(D) superior a 7.000 km² e inferior a 10.000 km².

(E) superior a 10.000 km².

Você percebe a diferença? Nessas questões estão presentes temas da vida concreta: o trabalho do padeiro, o desmatamento e suas implicações.

DICAS PRÁTICAS

Para seu filho gostar de matemática e aprender mais:

- Proponha desafios e jogos para que ele resolva, como por exemplo: montar estruturas com blocos (crianças menores), enigmas, charadas, xadrez (crianças e pré-adolescentes).

- Proponha jogos de computador que exijam planejamento e raciocínio.

- Estimule seu filho a ajudá-lo a resolver problemas do dia a dia com auxílio da matemática, como por exemplo: calcular o orçamento familiar; pesquisar preços de remédios; comparar descontos de lojas.

- Confronte seu filho com o sucesso, e não com o fracasso. Para isso, ofereça desafios em diferentes níveis de complexidade, começando pelos mais simples.

- Incentive a escola do seu filho a participar da Olimpíada Brasileira de Matemática. As questões, em geral, estão alinhadas com o novo ensino da matemática, e estimulam o raciocínio e a resolução de problemas.

- Mostre que a matemática está no dia a dia, o tempo todo. Veja exemplos de coisas que envolvem matemática: pintar uma parede em casa; cortar um pano para fazer uma roupa; fazer o planejamento do orçamento do mês; programar uma dieta balanceada; planejar quanto tempo você tem para cada atividade.

Atenção com os problemas e desafios propostos: eles não podem estar acima do nível mental de cada idade. Você reparou como funcionam os videogames? Quando as pessoas se saem bem nas primeiras etapas, se tornam mais confiantes e querem ir para níveis mais elevados. Isso também pode acontecer com a matemática.

AGORA AS ESCOLAS AUTORIZAM O USO DA CALCULADORA?

Em geral sim, a não ser por motivos pedagógicos específicos para uma determinada etapa de ensino.

A calculadora pode contribuir para a melhoria da aprendizagem da matemática. Ela pode motivar o aluno a testar respostas, o que desenvolve o senso de investigação; aproxima o aluno das tecnologias como recurso para o estudo; serve para descobrir erros, funcionando como instrumento de autocorreção de atividades.

O aluno só não pode ficar dependente da calculadora: é importante que seu filho saiba fazer as contas sem esse instrumento.

Meu filho não gosta de matemática porque tem mais vocação para arte. A matemática se opõe a essas outras vocações?

Não, pelo contrário: a matemática ajuda a desenvolver a capacidade expressiva, o espírito crítico, a sensibilidade estética e a imaginação. Então ela é complementar às outras atividades. E ela é um apoio à aprendizagem de outras disciplinas.

34

Bullying: como lidar com isso?

O QUE É *BULLYING*?

Bullying é uma situação que se caracteriza por agressões intencionais, verbais ou físicas, feitas de maneira repetitiva, por um indivíduo ou um grupo de indivíduos, com o objetivo de agredir ou intimidar alguém.

O *bullying* vem sendo estudado há décadas, mas o debate sobre as causas e as implicações dessa prática ganhou mais relevância no Brasil nos últimos tempos.

É um problema que, em geral, de acordo com diversos psicólogos, tem origem em casa. Crianças ou jovens que são autores de *bullying* muitas vezes vivem em famílias em que existe violência, verbal, física ou psicológica; famílias em que as coisas costumam se resolver pela força ou com algum tipo de agressão.

Em outros casos, ocorre porque a criança ou o jovem não sabem lidar com alguma mudança repentina, ou algum fato novo que acontece em suas vidas e que as afeta mais fortemente.

Também há casos de crianças e jovens que são autores de *bullying* como uma reação ao fato de terem sofrido *bullying* em outro momento, ou como proteção pessoal: como não querem ser vítimas, passam para o lado dos agressores.

É possível, ainda, que o *bullying* se relacione com a própria cultura em que a criança e o jovem vivem. Eles veem violência nas ruas, agressividade, competição no mercado de trabalho; vivem numa época de muito individualismo, em que sobrevive o mais forte. Tudo isso, infelizmente, se reflete no relacionamento com outras crianças e jovens. Então surge essa prática, que é uma tentativa de se destacar, de se tornar líder pela agressão, fazendo as suas vítimas.

A melhor maneira de evitar que seu filho seja autor de *bullying* é manter um clima de amor, tolerância, respeito às diferenças e muito diálogo.

COMO VOCÊ PODE SABER SE SEU FILHO É VÍTIMA DE *BULLYING* NA ESCOLA?

Muitas vezes é difícil descobrir, porque as próprias crianças podem evitar contar, por vergonha. Elas se sentem humilhadas e guardam esse sentimento para si mesmas. Ou podem ser ameaçadas pelos autores do *bullying*: "se você contar, vai se ver comigo".

Mas há alguns sinais que podem servir como alertas. Lembre que, se seu filho apresentar um ou mais destes sinais, isso não significa que seja certo que ele sofra *bullying*. Mas você precisa ficar atento ao observar esses comportamentos.

Atenção se seu filho:

- Evita contar sobre como foi o dia na escola, e foge desse assunto.
- Tem poucos amigos, ou costuma criticar os colegas da mesma turma, dizendo que não se identifica em nada com eles.
- Passa a apresentar um desempenho escolar muito diferente do habitual.
- Mostra tristeza ou depressão.
- Começa a querer fugir da escola, "matar aula".
- Mostra que não gosta da escola e tem uma espécie de "síndrome do domingo", ficando cada vez mais deprimido quando se aproxima o dia de voltar à escola.

Converse sempre com seu filho. Isso mostra o interesse que você tem pela sua vida e também ajuda a diagnosticar se há algo de errado.

QUAIS SÃO AS CONSEQUÊNCIAS PARA QUEM SOFRE *BULLYING*?

A maneira como cada criança e jovem reage ao ser vítima de *bullying* varia bastante. Mas são comuns efeitos como:

- ☹ Tendência ao isolamento.
- ☹ Tristeza ou comportamento depressivo.
- ☹ Queda do rendimento escolar.

☹ Doenças psicossomáticas.

☹ Traumas que podem influenciar traços de personalidade na vida adulta.

☹ Em casos extremos, o *bullying* pode levar até ao suicídio.

O AGRESSOR PRECISA DE ACOMPANHAMENTO PSICOLÓGICO?

O autor de *bullying* precisa de acompanhamento psicológico até mais do que a própria vítima. Afinal, se para se divertir uma pessoa precisa humilhar e agredir os outros, ela tem algum problema. Esse jovem certamente não tem conseguido lidar bem com as pressões e as violências que ele mesmo sofre, e acaba devolvendo isso na forma de agressão aos demais. É uma espécie de autodefesa, que precisa ser trabalhada pelos pais e por especialistas.

É lamentável que alguns pais (sobretudo de meninos) às vezes têm orgulho de comportamentos agressivos. Você já ouviu frases como estas?

– Meu filho não leva desaforo para casa: grande garoto!

– Meu filho é o terror da escola, todo mundo respeita ele!

– Meu filho, se imponha, na vida é assim, não bateu, levou!

A palavra *bullying* vem justamente do inglês *bully*, que significa "valentão", ou "brigão". Na verdade, um comportamento desses não é bom nem admirável, e não deveria nunca ser estimulado ou premiado pelos pais.

Se a criança ou o jovem tem atitudes agressivas ou de violência, algo precisa ser revisto. Se isso não for tratado, pode permanecer por toda a vida.

VOCÊ SABIA QUE O *BULLYING* ACONTECE EM TODO TIPO DE ESCOLA, E COM MENINOS E MENINAS?

O *bullying* ocorre tanto em escolas particulares como públicas, tanto em estabelecimentos situados em áreas de risco e violência como em cidades e bairros tranquilos. Ocorre também com meninos e meninas. Em geral, o *bullying* masculino é mais fácil de detectar, pois pode envolver agressões físicas. No *bullying* feminino, embora também existam episódios de agressão física, ocorre mais violência verbal e psicológica.

COMO DIFERENCIAR O QUE É *BULLYING* DO QUE NÃO É?

Como o *bullying* virou pauta na mídia e nas escolas, existe o risco de uma banalização. Agora tudo é *bullying*? Uma briga no corredor, por exemplo, é *bullying*? Uma brincadeira inofensiva, uma gozação, é *bullying*?

Conflitos entre pessoas que estudam e convivem juntas podem eventualmente acontecer. Assim, uma discussão ou briga ocasional entre colegas não é *bullying*.

Brincadeiras são normais. Conheci um aluno muito alto e magro, a quem a turma chamava de Palito. Ele mesmo gostava do apelido, e certo dia, quando lhe perguntaram seu nome, o incorporou: "Eu sou o Palito."

Para ser *bullying*, é preciso que estejam presentes estas quatro características:

- A intenção do agressor de ferir o seu alvo.
- A agressão ser repetitiva.
- A presença de um público espectador, que reforça a agressão, se diverte ou se omite.
- O sofrimento e a passividade do agredido com relação à agressão.

O *bullying* é uma brincadeira na qual apenas uma das partes se diverte, e a outra sofre.

O QUE FAZER EM CASA QUANDO O PROBLEMA ACONTECE?

Alguns pais me trazem dúvidas como:
– Devo deixar meu filho faltar à aula?
– É melhor transferir meu filho para outra escola?
– Devo enfrentar a situação ou deixar passar?

Por não conseguirem resolver o problema, alguns pais até cancelam a matrícula dos filhos, esperam um ano e depois voltam. Imagine o atraso escolar que isso ocasiona – e, em muitos casos, o jovem não retorna mais à escola.

Alguém que sofre *bullying* precisa de muito apoio, precisa sentir que não está sozinho para viver essa situação.

Se for o caso, converse com seu filho e anime-o a procurar o apoio dos educadores da escola. Isso vai reforçar a autonomia, a capacidade de enfrentar seus problemas. Se isso não adiantar, vá à escola, apresente a situação e exija um posicionamento.

Procure seguir as orientações deste quadro.

EM CASO DE *BULLYING*	
O QUE OS PAIS DEVEM FAZER	O QUE OS PAIS NÃO DEVEM FAZER
Dar apoio e amor, pois a pessoa está fragilizada. Estimular o filho a conversar com um educador e, se não resolver, procurar a escola a exigir um posicionamento.	Estimular que seu filho revide a agressão: "Bateu em você? Bate nele também!" ou "Xingou você? Vai lá e xinga ele de algo pior!"
Dependendo da gravidade, fazer uma denúncia ao Conselho Tutelar da sua região.	Cancelar a matrícula, aceitar que o filho pare de estudar, ceder às pressões e se prejudicar com isso.
Ajudar o filho a se aceitar e se valorizar do jeito que é, apesar das gozações que sofre por ter alguma característica física em especial ("orelhudo", "narigão", "baleia", "Pernalonga", "branquelo").	Ceder às humilhações e procurar correção cirúrgica para as características do filho que são alvo de *bullying*, simplesmente para tentar evitar as gozações. Elas voltarão, porque o que importa no *bullying* não é tanto a característica, e sim a fraqueza do alvo escolhido.

Não estimule seu filho a revidar agressões. Isso seria educar para a violência. É melhor educar para se posicionar, ganhar autonomia e enfrentar os problemas com maturidade e equilíbrio.

QUAL É O PAPEL DA ESCOLA NOS CASOS DE *BULLYING*?

A escola precisa ficar atenta a essas situações e inibir práticas desse tipo. Conversar com o aluno agressor, conscientizar sobre as implicações do que ele faz e tentar entender as causas dessa atitude. Essa responsabilidade é dos educadores. E, claro, conversar seriamente com os pais, posicioná-los sobre o que acontece e tentar agir em conjunto para inibir essas ações.

Dinâmicas de grupo são estratégias interessantes. Algumas delas têm como objetivo fazer com que o jovem se coloque no lugar daquele que sofre a agressão e, assim, levar à reflexão e à mudança. Além disso, as dinâmicas envolvem a turma toda, e assim trabalham com um terceiro ator, além do agressor e da vítima: a plateia. Afinal, o *bullying* só existe porque uma determinada plateia espectadora (o resto da turma) permite, é cúmplice e até dá força.

Você já pensou?

A escola pode acabar incentivando o *bullying*. Como? Se a escola permite atos de intimidação, numa relação desigual de poder (por exemplo, entre professores e alunos), ou mantém um clima de repressão e punições, acaba formando para o autoritarismo e reforçando o clima agressivo.

O ambiente da escola é mais favorável se for marcado por relações de respeito, no qual o aluno se sinta em casa, acolhido e bem-cuidado.

Alguns casos de *bullying* duram anos. Podemos questionar: onde estão os educadores? Onde estão os colegas? E a família? Para que situações como essas se prolonguem por tanto tempo, é porque há omissão de muita gente adulta que tinha a obrigação de cuidar da criança e do jovem.

Em alguns estados brasileiros, existem leis que determinam que o diretor da escola deve notificar a autoridade policial ou o Conselho Tutelar da localidade sobre os casos de violência contra crianças e adolescentes.

Se seu filho é vítima de *bullying* na escola, exija providências. A escola deve chamar os pais dos alunos agressores e comprometê-los na solução dessa questão.

O *BULLYING* TAMBÉM PODE EXISTIR NA INTERNET, OU SÓ NA ESCOLA?

O *bullying* existe na internet: é o *cyberbullying*. São piadinhas, comentários de desprezo, ironias, fotos que se colocam em redes virtuais, com a mesma finalidade: agressão intencional e repetitiva. Ele precisa ser tratado com o mesmo rigor e a mesma seriedade com que se trata o *bullying* presencial.

35

Meu filho fica muito nervoso nas provas. O que fazer?

Você já viu no Capítulo 26 que as avaliações precisam ser encaradas de uma forma natural. Para isso, ensine seu filho a ver as provas e os momentos de avaliação como algo positivo.

Veja aqui um guia rápido:

1. **Antes das provas, evite frases com tons de ameaça e pressão, como por exemplo:**
- Estude, se não vai se dar mal na prova!
- Se não estudar vai ficar em recuperação e perder as férias!
- Estudou pouco, aposto que na prova não vai acertar uma questão.
- A prova anterior foi um fracasso, vamos ver se agora você consegue!

2. **Por outro lado, reforce a responsabilidade do aluno no processo de aprendizagem.** Em vez de frases como: "Quanto o professor te deu nessa prova?", prefira dizer: "Quanto você tirou nessa prova?" ou "Qual foi a sua nota?"

3. **Ajude seu filho a organizar a agenda de estudos.** Lembre que, comparado com os estudantes de outros países, o aluno brasileiro em geral estuda pouco. Reforce a importância de estudar diariamente e não só na véspera das provas.

4. **Refira-se à avaliação de forma positiva, transmitindo segurança e naturalidade, com frases como:**
- Estou certo de que você se sairá bem.
- A prova é uma oportunidade para você mostrar tudo o que sabe.
- A avaliação faz parte da vida e todos são avaliados o tempo todo. Fique tranquilo.

5. Não trate a avaliação como se fosse a finalidade do processo educativo. Em vez de reforçar a ideia de que seu filho vai à escola para "passar de ano" ou para "tirar boas notas", valorize as oportunidades de aprender coisas novas, de fazer pesquisas e descobertas, de construir laços de amizade, de se desenvolver.

6. Não estimule o adiamento da avaliação, como por exemplo preferindo faltar à prova e fazer segunda chamada, a não ser em casos de problemas de saúde.

7. Ajude seu filho no estudo inventando desafios relacionados à avaliação, como um simulado, ou uma prova que vocês podem criar juntos e você corrige.

8. Se seu filho não se sair bem numa prova, não faça disso o fim do mundo. Procure avaliar com ele as causas, com serenidade, e encontrar soluções para melhorar o desempenho nas próximas. Mas, ao mesmo tempo, procure comprometê-lo com o estudo e o processo de recuperação. Não abra mão de uma dedicação maior da parte dele às atividades escolares.

9. Independentemente dos resultados, ruins ou bons, em provas ou trabalhos, aproveite essas oportunidades para conversar sobre as conquistas ou os novos desafios que seu filho tem pela frente. Verifique o que possibilitou esse bom desempenho? O que pode ter causado uma nota baixa? O que pode ser reforçado no estudo?

10. Ao olhar uma avaliação do seu filho, não reforce os erros, valorize os acertos.

> Se notar que seu filho passa por uma fase que merece especial atenção, com baixo desempenho em muitas avaliações, em uma ou em mais disciplinas, converse com ele, procure entender o que ocorre e recorra à escola para receber orientação ou para alinhar informações.

36

Meu filho está em recuperação. E agora?

Em primeiro lugar, é preciso lembrar que, num ano letivo que tem 200 dias e diversas avaliações, em geral a necessidade de recuperação não é algo que você descobre de repente. Um mau desempenho vai sendo construído ao longo dos vários meses.

A recuperação é apenas a constatação de que o aluno não está preparado para seguir adiante com novas aprendizagens.

> **Você já pensou?**
>
> Se alguma vez o seu filho ficou em recuperação, pense como você ficou sabendo disso: foi surpresa ou você estava prevendo?
>
> Se a família é pega de surpresa, será que está acompanhando adequadamente os estudos da criança/jovem?

Você já viu algumas orientações sobre como ajudar o seu filho a criar hábitos de estudo e, assim, evitar que situações de mau desempenho aconteçam.

Quando não há um trabalho preventivo e, sobretudo, se a escola não tem um processo de recuperação paralela, as notas baixas podem ser uma bola de neve. Ficar em recuperação, ou mesmo reprovado, se torna um fato inevitável.

RECUPERAÇÃO NÃO É O MOMENTO DE DAR BRONCA

Seu filho pode ter deixado de estudar, brincado o ano inteiro, enfrentado algum problema que você conhece ou desconhece, ou pode ter alguma dificuldade de aprendizagem... Pode ter ficado em recuperação em apenas uma ou em muitas disciplinas... Bem, seja o que for, o período da recuperação não é o momento de dar bronca e de recriminar o estudante pelo seu desleixo e falta de aplicação.

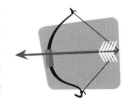

159

Então, ao longo desse período, evite frases como:

– Está vendo? Eu avisei que se não estudasse ia ficar preso no final do ano!

– Todo ano é a mesma coisa, o que eu fiz para ter um filho assim, isso é castigo!

– A família inteira vai deixar de viajar por sua causa. Viu o que você causou?

– Por que você não é como seu irmão, que nunca fica em recuperação?

– Está vendo, não quis estudar? Agora se vira! Merece mesmo repetir o ano!

Posturas assim se aproximam do revanchismo, e não adianta tripudiar ou descontar seu aborrecimento em cima do próprio filho. O momento agora é de tentar sair dessa situação da melhor maneira e deixar essa conversa para depois.

Provavelmente, seu filho é o primeiro a estar aborrecido, ao ver a maior parte de seus colegas passarem de ano e curtirem as férias enquanto ele precisa continuar estudando e ainda no risco de perder um ano inteiro.

Então, no momento da recuperação, procure dar apoio e mostrar que, nessa etapa, ele tem um aliado que irá à luta com ele para tentar superar a situação.

AULAS PARTICULARES AJUDAM?

Cada caso é um caso, mas em geral aulas particulares podem ser uma saída – se você tiver condições financeiras para contratar um professor particular.

Se você perceber que seu filho já começou o segundo semestre com problemas nas notas, não deixe a situação ficar no limite: inicie logo o reforço. É melhor prevenir, estudando com tempo e sem pressão.

Mas lembre-se de que existem outras saídas, que podem ter a mesma eficácia se forem implantadas com a devida antecedência.

Por exemplo, fazer um grupo de estudos com colegas da turma do seu filho, ou pedir apoio para um colega que esteja com boas notas para que ele explique alguns pontos e ajude seu filho por um tempo.

Às vezes, a mesma matéria explicada para um estudante por outro colega acaba ficando mais clara, pois ele pode falar numa linguagem mais próxima e acessível do que a do professor.

Fique atento: se para alcançar as notas necessárias para passar de ano o seu filho precisa o tempo todo de um ou mais professores particulares, algo de errado está acontecendo. Considere os seguintes pontos:

■ A escola oferece um acompanhamento personalizado adequado, cuidando da aprendizagem de todos os alunos da turma? Ou os professores to-

mam como referência os alunos que têm mais facilidade e simplesmente seguem adiante?
- Será que seu filho tem alguma dificuldade específica de aprendizagem? Você poderá saber mais sobre isso no Capítulo 38.
- Será que seu filho está se acomodando, sem prestar atenção nas aulas nem fazer as atividades, porque depois "o professor particular dá um jeito"?
- A mesma coisa acontece com muitos outros estudantes da mesma turma? Se sim, será que o nível de exigência da escola está alto demais para a faixa etária? Ou haverá algum problema no método das aulas? Ou algum problema em especial com essa turma – por exemplo, um grupo de alunos bagunceiros que impedem os demais de aprender, ou um conflito interno?

Aula particular pode ajudar, mas deve ser o último recurso, pois o ensino da escola deve ser projetado de forma que todos os estudantes sejam capazes de aprender e de obter bons resultados.

E QUANDO SEU FILHO REPETE O ANO, O QUE FAZER?

Ficar reprovado não é uma punição. É a constatação de que, de acordo com o parecer da escola, a criança ou o jovem não tem condições de prosseguir para a série seguinte sem antes desenvolver um conjunto de competências que são pré-requisito para que ele tenha bons resultados mais à frente.

Existem escolas que trabalham com o sistema de "dependência", ou seja, o aluno segue adiante em todas as matérias e, em paralelo, cursa de novo aquela(s) disciplina(s) em que foi reprovado.

Esse sistema nem sempre funciona de forma adequada e com a devida seriedade. Mas o que está na base do seu fundamento deve ser levado em conta: fazer o aluno começar todo o ano de novo, do zero, nem sempre é a melhor maneira de garantir que ele aprenda.

A reprovação do aluno deveria ser o último recurso. Diversos estudos indicam que ela nem sempre é a decisão pedagógica adequada, pois pode haver alternativas mais eficazes para que o aluno aprenda.

No caso de uma reprovação, os pais precisam conversar com os filhos e decidir junto com eles o que fazer, considerando as diversas opções. Veja algumas delas e seus pontos positivos e negativos.

Alternativa	Positivo	Negativo
Ficar na escola e repetir o ano	Oportunidade de desenvolver as competências que não foram bem desenvolvidas. O aluno irá mudar de turma e conhecer pessoas novas. Estará mais maduro para encarar os desafios escolares.	Significa um ano de "atraso escolar" na relação idade/série.
Mudar de escola para outra que tenha o sistema de dependência	Evita-se o atraso escolar e a desmotivação do aluno.	Risco: será que a escola vai educar seu filho com a mesma seriedade? Afinal, não se pode escolher uma escola exclusivamente por esse critério. Além disso, seu filho terá como colegas outros alunos pouco estudiosos. E essa saída também pode reforçar no seu filho a ideia de que tudo tem um jeito, basta que seus pais paguem por isso.
Mudar de escola e repetir o ano em outra instituição	Evita-se a desmotivação do aluno de ter que ver a mesma matéria explicada pelos mesmos professores.	Você precisa ter certeza de que se identifica com essa nova escola. Mudar só por mudar não é bom, e seu filho ainda terá que passar por uma fase de adaptação.

EXISTE VIDA APÓS A RECUPERAÇÃO

Seja obtendo a aprovação, mesmo que após o estresse da recuperação, ou na eventualidade de ser reprovado, o importante é, no ano seguinte, cuidar para que a mesma situação limite não volte a acontecer. Afinal, o problema não é ficar reprovado: é não aprender.

Procure colocar em prática as orientações do Capítulo 31, organizando uma agenda de estudos com seu filho e conseguindo com ele um compromisso de autodisciplina para que não seja necessário passar pelo mesmo estresse no final do ano.

Acompanhe de perto os resultados do seu filho e, mais do que as notas, a sua evolução pessoal: como ele se relaciona com os demais, se está motivado para aprender coisas novas, se parece envolver-se nas atividades com interesse.

Se notar dificuldades persistentes, apesar de todos os esforços, procure a escola e considere a possibilidade de contar com o apoio profissional de um psicólogo ou um psicopedagogo.

Importante: lembre-se de que, quando um aluno passou de ano na recuperação, na verdade o que foi suprido nesse período é um conjunto de conhecimentos mínimos necessários para seguir adiante, mas talvez ainda existam lacunas.

Então, se seu filho foi aprovado após uma recuperação, fique atento ao início do ano escolar seguinte, para verificar se ele realmente está conseguindo acompanhar todas as disciplinas ou se você precisa apoiá-lo em alguma estratégia de reforço. Converse com a escola a esse respeito.

Um dos meus filhos ficou em recuperação, e o irmão passou direto. O que fazer?

Evite as comparações. É comum que isso aconteça, sobretudo quando há diferença de idade e o filho mais velho já está cursando novos ciclos escolares, com várias disciplinas exigentes, enquanto a criança mais nova está no início do ensino fundamental. Nada de elogiar um e desprestigiar o outro, pois isso pode funcionar de forma negativa, reduzindo a autoestima e criando conflitos na família.

DEVO DAR PRÊMIOS QUANDO MEU FILHO SE SAI BEM NOS ESTUDOS?

O sucesso merece ser festejado, e você pode expressar toda a sua alegria para seu filho dando parabéns e inclusive algum prêmio, sim.

Mas não exagere: ir bem nos estudos é a obrigação de um estudante. Cada caso é um caso, e só você pode discernir, em função do grau de dificuldades que ele superou. Não crie no seu filho uma expectativa de que cada nota alta ou cada aprovação irá valer um presente.

Prefira, como premiações, coisas ou programas que sejam ligados à cultura, como livros, passeios culturais, uma ida ao cinema, ao teatro, uma visita a um lugar histórico.

Dar presentes supérfluos vai acabar reforçando o consumismo e criando uma relação mercantilista com o estudo: "estudar para ganhar presente", e não porque é bom para a vida e o futuro.

37

Que cuidados ter com o uso da internet?

DESAFIO

A internet oferece uma série de novas oportunidades de aprendizagem. Que tal você navegar com a seguinte pauta:
– Que sites lhe parecem interessantes, como oportunidade educacional, para indicar para seu filho? Dicas: museus virtuais, bibliotecas, jogos que favoreçam o raciocínio, sites sobre disciplinas escolares.
– Existe algum site que possa complementar a formação escolar do meu filho? Qual?

Você deixaria seu filho sozinho em outra cidade, para ele andar por ruas totalmente desconhecidas, com milhões de pessoas circulando, sem saber onde ele está e com quem está falando?

De certa forma, a internet é um pouco parecida com isso, então é preciso que você monitore o seu uso, sobretudo com crianças. Afinal, é sempre bom você saber por onde seu filho anda.

Quando se trata de uma criança, você precisa saber que sites ela frequenta, a que redes sociais está vinculada. Os pais também podem escolher alguns sites previamente e sugeri-los para a criança navegar. Depois, quando ela ganhar autonomia, discernimento e capacidade de crítica, aos poucos, pode navegar sozinha.

O cuidado com a navegação na internet com crianças é como aquele que você tem ao atravessar a rua. Quando a criança é pequena, você precisa fazer isso segurando a mão do seu filho. À medida que vai ficando mais crescido e consciente, ele já pode atravessar sozinho.

A PARTIR DE QUE IDADE SEU FILHO PODE SE CONECTAR NA INTERNET?

Na Parte III deste livro, no Capítulo 24, você viu uma série de oportunidades de aprendizagem que surgem com o mundo digital. Mas esse não é um espaço educacional pronto. Se você comprou um computador para seu filho e o conectou na internet pensando nas vantagens que isso pode proporcionar ao rendimento escolar, lembre também que existem muitos riscos: pedofilia, pornografia infantil, a exposição da vida pessoal num ambiente aberto, *cyberbullying*, entre outros.

Assim, se não for ao seu lado, com você navegando junto, não existe necessidade de que uma criança que está na fase da Educação Infantil (digamos, até os 5 anos e 11 meses) esteja em contato com a internet. Ela pode, sim, ter contato com aplicativos digitais instalados num computador sem conexão.

Até os 6 anos a criança precisa de muitos estímulos para despertar diversas disposições intelectuais. Prefira aplicativos com movimento, luzes, cores, sons, de caráter lúdico ou mesmo voltados para alguma aprendizagem básica (por exemplo: quantidades, volumes etc.). O mais positivo é a familiarização com os aplicativos digitais.

E se na pré-escola meu filho tiver contato com a internet?

Se houver contato da criança da educação infantil com a internet, isso deve estar fundamentado por um projeto pedagógico consistente, que indique as finalidades desse trabalho para o desenvolvimento. Peça um compromisso da escola ou creche de que haverá sempre um educador capacitado para monitorar a criança.

Mesmo depois dos seis anos, e até o final do Ensino Fundamental (por volta dos treze e quatorze anos), é altamente recomendável que a navegação ocorra com o monitoramento dos pais. Não é necessário sentar do lado dele e ler todas as suas mensagens, mas sim ficar atento a questões como:

- Que sites seu filho frequenta?
- Em que redes sociais ele está conectado, e quem costuma frequentá-las?

- Há algum site ou comunidade que seu filho frequenta que esteja fora da lei?
- Seu filho é autor ou vítima de *cyberbullying*?

E se eu perceber que meu filho é vítima de algum abuso na internet?

 *Uma dica é a ONG SaferNet Brasil, que tem acordo de cooperação com o Ministério Público Federal e recebe denúncias de violações aos diretos humanos de crianças e adolescentes na internet. Visite o site em http://www.safernet.org.br/site/, leia as orientações e tenha esse contato sempre à mão.*

À medida que seu filho cresce, procure conscientizá-lo sobre as finalidades da internet e suas vantagens, mas também sobre os riscos. A internet é:

- Uma fascinante rede de infinitas possibilidades de comunicação, diversão, aprendizagem, relacionamento, pesquisa, intercâmbio – ambiente do conhecimento sem limites.

Mas é também:

- Um território sem fronteiras, onde há de tudo, e no qual temos mais benefícios se fizermos uma leitura consciente e crítica do que vemos e ouvimos.

PRIORIZE A EDUCAÇÃO EM VALORES

Existem sites de relacionamento que oferecem: "Comece a namorar em cinco minutos: clique aqui!".

Existem também sites que oferecem trabalhos escolares prontos. Basta baixar e entregar.

E muitos alunos disponibilizam seus trabalhos e os gabaritos de exercícios e provas nos seus blogs e comunidades.

É claro que a internet é um espaço de livre expressão e, assim sendo, cada um pode publicar o que pensa que deve. Há países que regulam o uso da internet, mas isso se aproxima de práticas de censura e controle totalitário. No Brasil, a democracia avançou e o trânsito livre das ideias na internet é uma das muitas expressões disso.

Você, pai ou mãe, precisa conscientizar o seu filho sobre as ideologias que estão detrás de algumas das ideias veiculadas. Não é fazer a sua cabeça, e sim, como educador, ajudá-lo a refletir sobre o que vê, em vez de consumir ingenuamente a informação. Você pode estimulá-lo a avaliar criticamente e exercitar a sua autonomia intelectual.

No mundo digital, tudo é "para já", tudo precisa se resolver com rapidez. Aperto "ENTER" e o trabalho fica pronto; clico aqui e começo a namorar; não preciso escrever a palavra inteira, teclo algumas siglas e todo mundo entende. Isso reforça a cultura do imediatismo e da superficialidade – não existe muito tempo para nada!

Por um lado, isso é bom: as empresas ficam mais ágeis, alcançam níveis de produtividade nunca vistos. Por outro, tudo isso traz novas questões: será que essa visão imediatista passa para as relações que temos com as pessoas, com os recursos naturais, com a própria vida?

A velocidade de produção de informação nova reforça também a cultura do consumo e do descartável. Afinal, para que cuidar desse aparelho, se logo virá outro mais avançado? E veja os riscos da transposição para outras áreas: para que vou estudar esse tema, se logo virá uma informação nova e terei que reaprender? E para que ficar com essa pessoa muito tempo, se tudo é descartável? E assim por diante.

Veja os sites de relacionamento: como as pessoas se apresentam? Que imagem elas constroem de si mesmas, e dos demais? Como veem os outros, e como querem ser vistas? Tudo o que se escreve na web é verdade? Todas as personalidades apresentadas são autênticas?

No caso da relação com a escola, uma questão séria e, em certos casos, até polêmica, é a da cola digital. É muito fácil, na internet, copiar conteúdos e trabalhos publicados por outros. O problema não está em quem disponibiliza conhecimento, e sim em quem o copia, ou toma partes como se fossem uma produção própria.

Eu não posso negar que sou fã da educação com a internet e todas as suas potencialidades, conectando pessoas e saberes e trazendo, assim, novos desafios e provocações à sala de aula tradicional. Acredito que as redes sociais vão ajudar a fazer da sala de aula um ambiente mais interativo e dialógico, no qual os alunos possam contribuir, com a sua linha, para a construção desse grande hipertexto – a ser escrito na escola e na vida. Acredito também nas redes cooperativas de aprendizagem e no compartilhamento do conhecimento.

Mas é uma pena quando os alunos simplesmente copiam gabaritos da internet, privando-se da oportunidade de construir o conhecimento com autonomia intelectual. Privando-se, assim, da oportunidade de aprender.

A grande pergunta para você, pai ou mãe, é: que tipo de jovem e de adulto você deseja formar? Uma pessoa que viva plugada como um autômato num monitor, individualista e consumista, interessada apenas em obter prazer com o menor esforço, com um simples clique do mouse? Ou um jovem e um adulto que atue como agente de transformação da sociedade, que coloque a tecnologia a serviço da mudança das estruturas injustas e que faça dos ambientes virtuais e dos presenciais espaços democráticos de harmonia e solidariedade?

Esse futuro depende, em boa parte, do enfoque com o qual você o educa, desde cedo, para lidar com a tecnologia.

Você, como educador do seu filho, precisa ajudá-lo a formar uma consciência ética, para que ele não se torne simplesmente um consumidor passivo de informações, produtos e valores enlatados da web.

DICAS PRÁTICAS

- Invista na educação do seu filho, colocando em casa um computador conectado à internet.

- Monitore o que ele faz e dê autonomia aos poucos, conscientizando-o sobre os riscos.

- Crie oportunidades de aprendizagem na internet, visitando com ele museus, bibliotecas virtuais e outros sites interessantes e se comunicando com ele através das redes de relacionamento.

- Se for absolutamente necessário, instale filtros na máquina para reduzir o acesso a conteúdos impróprios; mas faça isso apenas se você tem dúvidas sobre como monitorar, ou acredita que não conseguiu ainda estabelecer uma relação de confiança, ou acha que seu filho ainda não está preparado para fazer as escolhas adequadas.

DÚVIDAS RÁPIDAS

■ Os jovens escrevem com abreviaturas e símbolos nos sites da internet. Isso prejudica a aprendizagem da norma culta da língua?

Não, mas você precisa alertar seu filho de que toda linguagem precisa ser adequada a um contexto. Você não pode ir trabalhar num escritório de biquíni, não é? Então também não deve escrever dessa forma abreviada e com símbolos num currículo, ou numa correspondência importante no trabalho. Esses códigos servem exclusivamente para as comunicações informais na internet, que têm a lógica da rapidez e do pouco espaço.

■ Como posso acompanhar se a escola usa a internet adequadamente?

Observe pontos como:

– Seu filho usa a internet só para brincar ou também para estudar?

– Seu filho entende que na internet nem tudo é verdadeiro e que existem riscos?

– Seu filho se limita a copiar coisas da internet, ou produz conhecimento a partir do que pesquisa?

■ Se eu usar a internet, isso vai melhorar minha comunicação com meus filhos?

Sim! Se você entender e falar dos vocabulários típicos da internet e frequentar redes sociais, a comunicação fica mais próxima, e isso pode vir a estreitar o relacionamento de vocês.

CUIDADO COM O VÍCIO NOS JOGOS VIRTUAIS

Os jogos ajudam no aprendizado quando estimulam o raciocínio lógico, a criação de estratégias, o uso de conhecimentos para resolver desafios e situações novas.

Mas não são benéficos quando apenas promovem a violência, os esforços repetitivos, quando não acrescentam nada construtivo.

Fique atento! Quantos minutos por dia seu filho gasta com games no computador? Se passar de uma hora jogando, ele pode estar viciado. Há jogos que são tão envolventes que provocam dependência em crianças e jovens.

Quando uma criança ou um jovem estão viciados em jogos e em conexão no computador (por exemplo, dependentes de interação contínua em redes sociais como Twitter, Facebook, Orkut e outras), você percebe que ele:

☹ Prefere jogar em vez de participar de reuniões presenciais com amigos.
☹ Apresenta piora no rendimento escolar.
☹ Se mostra estressado e impaciente com tudo o que não é da web.
☹ Fala o tempo todo de jogos, dos personagens e dos enredos que eles trazem.

VOCÊ JÁ PENSOU?

O virtual questiona a qualidade das nossas relações presenciais. Se muita coisa pode se aprender e se fazer a distância, o que vamos reservar para os momentos presenciais?

Qual é a qualidade do encontro com o seu filho quando ele acontece fora da internet, ou seja, no mundo real?

DICAS PRÁTICAS

Para ajudar seu filho a não se viciar nos jogos virtuais:

- Conheça as lan houses ou cybercafés que seu filho frequenta e apresente-se aos funcionários principais ou aos gerentes, para que eles o conheçam e saibam que a criança não está largada.

- Coloque um limite no número de horas e no valor que seu filho pode gastar por mês na lan house e no computador de casa, no caso de acessos a jogos pagos.

- Invente programas divertidos e interessantes para que seu filho e os amigos façam fora do computador.

- Estimule a prática de esportes, sobretudo ao ar livre.

- Não permita que seu filho, principalmente se ele for criança, fique no computador ou jogue à noite (estabeleça um horário limite, por exemplo, até 21h). Caso contrário, os jogos poderão tirar o seu sono.

- Tenha o computador num lugar da casa em que você possa monitorar o que seu filho está fazendo, sobretudo quando for criança.

38

Que fazer quando seu filho tem um distúrbio de aprendizagem?

O ano letivo avança, e as notas não melhoram. Você percebe que tem algo estranho acontecendo: seu filho leva horas para fazer o dever de casa. Mesmo lendo muitas vezes uma matéria, na hora da prova ele parece esquecer grande parte do que estudou.

Seu filho se esforça, dedica tempo, você acompanha, os professores são dedicados e a escola é boa. Você já checou diversos fatores e tudo vai bem: ele gosta da escola, se dá bem com a turma e tem bons amigos, o resto da turma tem um desempenho aceitável para o que a escola espera. O que há de errado com o seu filho? Talvez ele possa ter algum distúrbio de aprendizagem.

Muitas escolas e também diversas famílias não conseguem identificar rapidamente os distúrbios de aprendizagem, ou não recorrem a profissionais especializados para diagnosticá-los e tratá-los.

Outros, ao contrário, atribuem tudo o que acontece a algum distúrbio. Você já deve ter ouvido algum "diagnóstico" amador como, diante da primeira indisciplina ou falta de atenção, os pais que decretam: "Meu filho é hiperativo."

Para que não se demore a diagnosticar quando o problema realmente existe e também para não generalizar indevidamente, é importante que você conheça o que são os distúrbios de aprendizagem e veja, neste capítulo, um resumo sobre alguns deles.

Mas atenção! Este livro não ensina a tratar distúrbios e nem mesmo a diagnosticá-los. Caso você tenha alguma dúvida nesse sentido com relação ao seu filho, procure um especialista.

O QUE SÃO DIFICULDADES DE APRENDIZAGEM

São distúrbios que levam uma pessoa a ter dificuldades em aprender. Também chamados de transtornos de aprendizagem, esses distúrbios afetam a capacidade do cérebro de processar a informação, e podem tornar o processo de aprendizagem da pessoa mais lento do que o de outra que não seja afetada por esse distúrbio.

Essa expressão é muito genérica, e abrange distúrbios muito diferentes (autismo, danos e disfunções cerebrais...). Mas aqui você vai encontrar algumas informações apenas sobre aquelas dificuldades mais relacionadas ao campo da educação, que são a dislexia, a discalculia, a disgrafia e a disortografia.

Importante lembrar que, se uma pessoa tem problemas de aprendizagem, isso não significa que é menos inteligente. Significa que, devido a determinado fator, a pessoa está trabalhando abaixo de sua capacidade. Ou seja, o indivíduo teria condições para alcançar melhores resultados, e não consegue devido a esse problema específico.

Uma criança com problemas de aprendizagem costuma apresentar um nível normal de inteligência, além de ter boa visão e audição. Ela tem dificuldade para processar as instruções que recebe e para realizar as tarefas, sem conseguir fazer isso no mesmo ritmo dos demais colegas.

COMO E QUANDO PODEM SER DETECTADAS AS DIFICULDADES DE APRENDIZAGEM?

Essas dificuldades são detectadas ao longo da idade escolar da criança. Podem ser diagnosticadas com o apoio de especialistas, como psicólogos, psicopedagogos, fonoaudiólogos etc., mediante avaliações que envolvem dados de percepção, inteligência, processos de aprendizagem e conteúdos escolares.

Muitas vezes o mau desempenho escolar de uma criança é caracterizado como dificuldade de aprendizagem, mas na verdade se relaciona a outros fatores, como por exemplo: diferenças culturais, problemas socioeconômicos ou instrução insuficiente, entre outros.

Imagine o caso de uma criança que vem de outro país, com uma cultura completamente diferente, não fala o idioma, teve aulas de conteúdos completamente diferentes em seu país de origem e é colocada dentro de uma sala de aula para seguir o ensino regular. Ela certamente terá, pelo menos nos períodos iniciais, um desempenho fraco, mas isso não significa que algo não funcione bem com ela. O problema, nesse caso, é o ambiente de aprendizagem.

DIFICULDADE DE APRENDIZAGEM OU PRECONCEITO?

Nos Estados Unidos, na década de 1960, surgiu um programa de "educação compensatória", replicado em vários países, inclusive no Brasil. Partia da ideia de que quem não dominava a linguagem tinha alguma deficiência de aprendizagem.

Só que grande parte dos alunos desses programas era proveniente de famílias com baixa renda, ou imigrantes (com pouca fluência na língua inglesa!).

Ao tomar como base a defasagem de certas crianças, programas desse tipo acabam funcionando como legitimadores da superioridade cultural de certos grupos sociais: os "diferentes" (ou "piores") teriam que receber uma compensação para serem salvos a tempo e ficarem à altura dos primeiros. E veja o nome de um daqueles programas: "Head Start"! Parece que, apenas graças à intervenção feita, as cabeças das crianças participantes começariam a funcionar.

Essa visão acabava significando uma forma de reforço das estruturas dominantes, já que ignorava que certos grupos não eram deficientes em si, mas sim desfavorecidos culturalmente em face da escola.

Algumas escolas têm a tendência de colocar rótulos nos alunos com baixo rendimento, partindo do pressuposto de que o problema é sempre do aluno. No entanto, o ambiente educacional tem muita importância. Ele também, e não só o estudante, pode ser a causa de maus resultados.

Outro problema comum é que muitos pais, sem saber que se trata de um distúrbio de aprendizagem, pensam que o problema é dos filhos: que a criança é preguiçosa, que não se esforça, que não estuda ou não se compromete o suficiente.

Fique atento! Para que uma criança seja considerada com dificuldades de aprendizagem, precisa ser constatado que o baixo desempenho não é causado pelo ambiente ou por condições socioeconômicas desfavoráveis, nem por questões de saúde ou emocionais.

Além disso, antes de pensar em dificuldades de aprendizagem, é preciso descartar outras hipóteses, como por exemplo verificar se não se trata, na verdade, de um problema de visão ou de audição.

Considere a possibilidade de dificuldades de aprendizagem se a criança apresenta continuamente notas baixas, mesmo tendo:

- Inteligência normal ou mesmo acima da média.
- Um ambiente socioeconômico e familiar que não é limitador da aprendizagem.

- Um ambiente educacional que não apresenta problemas para a aprendizagem.
- Condições adequadas no nível neurológico evidente e sensorial.

CONHEÇA ALGUNS PROBLEMAS DE APRENDIZAGEM BASTANTE COMUNS

Veja a tabela que se segue para conhecer alguns dos problemas de aprendizagem com os quais muitas famílias precisam lidar.

Atenção! Esta tabela contém um resumo muito simplificado e não é um dicionário de medicina ou psicologia e nem um manual para você utilizar para fazer diagnósticos. Se você acha que seu filho pode ter uma dificuldade de aprendizagem, procure um especialista.

Dificuldade de aprendizagem	Exemplo de sintomas genéricos observáveis
Discalculia: transtorno que causa a dificuldade em aprender matemática e compreender os processos matemáticos.	Dificuldade para enumerar, comparar objetos, sejam eles reais ou em imagens matemáticas (como gráficos etc.).
	Dificuldade na leitura ou na escrita de símbolos matemáticos, no trabalho com medidas e quantidades.
	Dificuldade para fazer operações mentais ou compreender conceitos da matemática, assim como para executar cálculos com números.
Dislexia: dificuldade específica de aprendizado da linguagem (leitura, escrita, soletração etc.)	Dificuldade para identificar símbolos gráficos (letras e números).
	Confusão ao lidar com letras que visualmente se parecem: e/c, f/t, m/n, u/v.
	Inversão de sílabas: las-sal, par-pra, em-me.
	Inversão de letras que graficamente se parecem: b-p, d-q, n-u, a-e.
	Dificuldade para entender o texto escrito e também os conceitos matemáticos.
	Dificuldade de ler em sequência: pula linhas, volta para as anteriores.
	Dificuldade para soletrar, ou para juntar todas as letras reconhecidas numa palavra só na hora de ler.
	Dificuldade para se orientar no espaço, confundindo esquerda com direita, ou não lidando bem com mapas.
	Dificuldade para se lembrar de sequências, como os meses do ano, ou as letras do alfabeto.

Continua

Continuação

Disgrafia: dificuldade de recordar a grafia da letra ao escrever, gerando letra feia ou ilegível.	Escrita desorganizada, bagunçada na folha, pois está associada a uma falta de orientação espacial.
	Letra difícil de ler ou ilegível.
	Traços e espaços irregulares, tamanho das letras muito pequeno ou muito grande, ou letras muito compridas.
	Lentidão ao escrever.
	Texto desorganizado, sem conseguir obedecer limites de margens, ou com letras amontoadas nas bordas.
	Desorganização das letras, ou mesmo falta de letras ou formas atrofiadas.
Disortografia: confusão de letras e sílabas de palavras ao escrever, que persiste mesmo depois de dois anos da alfabetização.	Acréscimo ou omissão de sílabas ou letras ao escrever (ex.: televisão ➔ telelevisão; envelope ➔ enveope).
	Escrita que faz confusão com letras que têm pronúncia parecida (ex.: foto ➔ voto).
	Inversões ao escrever (ex.: último ➔ úlmito).
	Palavras escritas juntas ou separadas, indevidamente (ex.: es perar; quandovi não estava).

10 REGRAS DE OURO PARA QUEM TEM UM FILHO COM DIFICULDADES DE APRENDIZAGEM

1. Conte sempre com a ajuda de um profissional especializado.

2. Evite repreender a criança e perder a paciência. Ela não está aprendendo por que não pode, e não porque é preguiçosa.

3. Reforce de forma positiva cada vez que seu filho conseguir uma conquista.

4. Estimule a criança. Nunca diga frases como: "Você não é capaz", "Você não aprende", "Você é meu carma" etc. Não corrija o tempo todo os erros que se filho faz ao ler ou ao mostrar os exercícios, sobretudo na frente dos outros.

5. Nunca ignore essas dificuldades. Não adianta dizer: "Isso passa com o tempo, é da idade", ou "Toda criança demora um pouco até engatar a aprendizagem". Esses distúrbios precisam de tratamento especializado.

6. Não force seu filho a fazer tarefas de casa quando ele estiver nervoso ou frustrado por não conseguir.

7. Converse com seu filho sobre suas dificuldades e coloque-se à disposição para ajudá-lo.

8. Use os programas de acompanhamento que a escola oferece para o problema do seu filho, e peça a colaboração dos professores (por exemplo, talvez seu filho precise sentar nas primeiras filas, ou ter mais tempo para finalizar os exercícios da aula). Matricule-o em atividades complementares, que possam estimular outras competências. Por exemplo, você sabia que a música favorece o desenvolvimento de aptidões relacionadas à matemática?

9. Não desista do acompanhamento escolar do seu filho, ou de ler junto com ele, só porque "ele já tem um psicopedagogo". Ele precisa que você continue próximo.

10. Tenha sempre em conta que seu filho pode aprender, ele tem as capacidades mentais para isso. Só que de uma forma diferente e num ritmo um pouco mais lento do que as outras crianças.

Lembre-se! Distúrbios de aprendizagem não têm a ver com inteligência. Indivíduos com Q.I. acima da média podem ter distúrbios de aprendizagem.

MEU FILHO É HIPERATIVO?

A hiperatividade é chamada também de DDA (Transtorno Deficitário de Atenção) e pode também se manifestar no TDAH (Transtorno do Déficit de Atenção com Hiperatividade). Essas são síndromes que têm entre as características mais comuns:

- Comportamento irrequieto e superexcitado.
- Falta de atenção e impulsividade.
- Necessidade de falar muito e mudar de assunto rapidamente.
- Dificuldade de lidar com frustrações.

A hiperatividade é diagnosticada na infância, mas quase metade dos casos costuma persistir até a vida adulta. Não é definida pelos especialistas como uma dificuldade de aprendizagem, embora possa ser estudada em conexão com elas. Pode haver crianças hiperativas e sem dificuldades de aprendizagem, como também há indivíduos com dificuldades de aprendizagem e sem DDA ou TDAH.

Veja a seguir uma lista de comportamentos ou problemas que podem estar vinculados à hiperatividade. As crianças podem apresentar, por exemplo:

- Dificuldade de concentração e de prestar atenção no que é dito, evitando atividades que exijam um esforço mental continuado; dificuldade de realizar tarefas complexas, que se tornam entediantes e são deixadas para depois.
- Dificuldade para seguir instruções.
- Pouca tolerância à frustração.
- Dificuldade de gerenciar o tempo, de terminar o que inicia; desorganização.
- Necessidade contínua de adrenalina – e, por isso, podem até provocar brigas ou confusões, para satisfazer o desejo de estímulo.
- Dificuldade para prestar atenção em detalhes ou minúcias.
- Necessidade de mobilidade contínua, com sintomas como ficar mexendo as mãos ou os pés quando sentado, correr excessivamente em momentos inadequados, ser barulhento quando brinca, agitação, falar muito e sem pensar, ter dificuldade para esperar a sua vez de falar ou de fazer algo.

Muitas pessoas com grande talento criativo têm hiperatividade. Embora na escola possam apresentar dificuldades no aprendizado, muitas demonstram inteligência acima da média ao fazer outras coisas.

Há inclusive pessoas de destaque, como atores, escritores, compositores famosos em todo o mundo, com TDAH.

NEM TODO PROBLEMA NA ESCOLA É CONSEQUÊNCIA DE UM PROBLEMA DE APRENDIZAGEM

Atenção para não se precipitar no diagnóstico. Muitas crianças, por diversos fatores, não gostam de matemática ou têm dificuldades para aprender essa disciplina. Ou têm dificuldades na escrita. Da mesma forma, muitas crianças são agitadas, ou têm dificuldade para prestar atenção em longas explicações, são indisciplinadas, barulhentas... Mas não necessariamente têm DDA ou TDAH!

Se seu filho é saudável e está se saindo bem na maior parte das disciplinas, não fique ansioso. Procure um psicólogo ou psicopedagogo para uma avaliação consistente. A maior parte dos problemas no rendimento escolar pode ser superada com explicações mais direcionadas para determinadas dúvidas em um ou outro ponto da matéria.

Lembre-se: o diagnóstico de dificuldades de aprendizagem e o de DDA ou TDAH só pode ser feito clinicamente, por profissionais especializados. Não tire conclusões caseiras, baseadas só na sua percepção ou em pesquisas da internet; e jamais dê remédios sem ter a indicação médica.

Se meu filho tem um problema de aprendizagem, nunca irá bem na escola?

Nada disso! Se houver uma intervenção adequada, e o apoio necessário, crianças com dificuldades de aprendizagem podem alcançar bons resultados na escola e ter uma carreira profissional muito bem-sucedida.

39

Guia prático do pai e da mãe nota dez

Ao longo deste livro você teve acesso a uma série de conhecimentos que potencializam as chances de alcançar resultados de excelência na educação do seu filho.

Agora, para sistematizar as informações, você terá um guia prático com dez orientações, aplicadas diretamente ao seu dia a dia.

Procure seguir todas estas dicas e, assim, colocar em ação o conhecimento que você adquiriu ao longo deste livro. O maior beneficiado será o seu filho!

1. CONVERSE COM SEU FILHO

- Pergunte sobre o dia na escola, com real interesse pelo que ele conta. Aprenda os nomes dos colegas mais próximos e dos professores, para interagir melhor.
- Dialogue num tom de companheirismo e amizade, não de pressão e cobrança. O relacionamento com seu filho deve ser marcado pela confiança.
- Incentive-o a lhe explicar as principais novidades que lhe chamaram a atenção nas aulas.
- Pergunte se ele tem dificuldades na escola.
- Não bata boca e não grite com seu filho. Isso reduz a sua autoridade.
- Converse mesmo quando isso lhe parecer difícil – por exemplo, na fase da adolescência. Expresse seus sentimentos, se quiser que ele expresse os dele.
- No caso de filhos adolescentes, converse com abertura e transparência sobre os assuntos que já são parte da vida dele: educação sexual, relacionamento afetivo, prevenção às drogas, escolha da profissão.
- Se seu filho adolescente não quiser conversar, não desista. Tente outro dia, outro momento, mas não o deixe de lado. Na adolescência a pessoa quer se distinguir dos pais, mas ao mesmo tempo precisa de seu afeto e atenção.

2. ACOMPANHE AS TAREFAS DE CASA

- Verifique se todas as tarefas estão feitas e se não há nada incompleto.
- Olhe os cadernos, os livros, mantenha-se atualizado sobre o que seu filho faz na escola.
- Pergunte se seu filho tem alguma dúvida e, quando souber, ajude a resolvê-la.
- Nunca faça o dever por ele, isso prejudica sua autonomia e impede a fixação da matéria.
- Se seu filho preferir que você não interfira, respeite, mas mostre sempre interesse.
- Estimule-o a buscar novos conhecimentos e a pesquisar respostas às dúvidas.
- Se não souber responder algo, oriente-o para consultar o professor.
- Ao estudar com ele não use métodos antigos, como decorar coisas; incentive-o a explicar os conteúdos com as próprias palavras e a entender o sentido.
- Não dê broncas quando ele não souber algo. Ninguém aprende sob pressão.
- Monte uma agenda em que haja um horário para o estudo e os deveres.
- Arrume um espaço adequado para o estudo em casa, com os livros, uma mesa de trabalho, um ambiente que facilite a concentração, um computador.

3. INCENTIVE A LEITURA E A ESCRITA

- Leia com seu filho. Compartilhe o mesmo espaço de leitura. Se você dá o exemplo, seu filho poderá criar o hábito de ler.
- Visite livrarias para que ele possa escolher o que lhe interessa.
- Invista em livros sempre que puder. É um recurso muito bem aplicado!
- Tenha à mão folhas para seu filho escrever e, se possível, um computador para ele produzir seus textos.

- Converse com ele sobre o que está lendo e organize eventos informais em que seu filho possa compartilhar com outros as coisas que leu ou escreveu. Por exemplo, uma roda de debate sobre um livro, ou um sarau.
- Não o obrigue a ler. Faça da leitura um momento agradável e prazeroso.
- Brinque com coisas que envolvam leitura e escrita, como palavras cruzadas, charadas e adivinhações.
- Incentive seu filho a ter um blog ou uma página numa rede social e a compartilhar o que lê com seus amigos e pessoas mais próximas. Tome as devidas precauções para que ele não se exponha indevidamente na internet.

4. ESTIMULE SEU FILHO A CUMPRIR OS COMPROMISSOS ESCOLARES

- Ajude seu filho a organizar e cumprir uma agenda de estudo diária. É melhor estudar aos poucos e com o devido tempo, para não deixar acumular!
- Não o deixe faltar às aulas e provas, a não ser por um motivo sério ou doença.
- Não permita que ele chegue atrasado à escola e que deixe tarefas sem entregar.
- Incentive seu filho a ter um calendário com as datas das entregas de trabalhos e de avaliações.
- Não dê força quando ele falar mal do estudo. Mostre que aprender é um compromisso de toda pessoa com o seu próprio crescimento.
- Não apoie quando ele for indisciplinado na sala de aula. Evite frases como: "Na minha época eu fazia coisas piores ainda", ou "Eu também era o terror dos professores". Reforce a importância de posturas de colaboração, para o seu próprio crescimento e também por respeito aos colegas.
- Ensine-o a conservar bem os livros didáticos e demais materiais escolares e a apresentar-se na escola sempre limpo e bem-arrumado.

5. ACOMPANHE O DESENVOLVIMENTO DO SEU FILHO

- Fique atento para ver se seu filho está aprendendo o que se espera com a sua idade e no ano escolar que ele frequenta.

- Se ele apresentar rendimento baixo repetidamente, observe seus comportamentos e seus trabalhos para avaliar se não existe algum distúrbio de aprendizagem que precise de tratamento médico específico.
- Procure a escola se as notas forem baixas, para receber orientações.
- Sempre que as notas forem boas, elogie seu filho com palavras de estímulo.
- Se as notas forem ruins, não fique recriminando o tempo todo. Você poderá ajudar mais se conversar com ele sobre os problemas, conscientizar sobre a necessidade de uma mudança de postura e acompanhar de perto os resultados. Mas exija compromisso com o estudo diário.
- Invente atividades divertidas nas quais seu filho use a imaginação, o raciocínio e a criatividade, e em que possa expressar seus pensamentos e emoções.

6. FREQUENTE A ESCOLA DO SEU FILHO E PARTICIPE DAS ATIVIDADES

- Compareça a todas as reuniões de pais, mesmo que as notas do seu filho sejam boas. Conheça seus professores e coloque-se à disposição para, sempre que necessário, trocar ideias sobre a evolução do seu filho e receber orientações.
- Leia o Projeto Político-Pedagógico e verifique se a escola está em sintonia com o modelo de educação que você pretende dar para seu filho.
- Se você sente afinidade com a proposta educativa da escola, apoie o trabalho e fique atento para sempre complementá-lo em casa.
- Aproveite suas idas à escola para conhecer os ambientes que seu filho mais frequenta: a sala de aula, os laboratórios, a biblioteca, o espaço do recreio.
- Participe dos eventos que a escola organiza: festa junina, apresentações para os pais, comemorações e exposições.
- Aproveite as oportunidades de participação na gestão abertas pela escola, sempre que houver, como Associação de Pais, Conselho Escolar, votação para escolha de diretor etc.
- Quando tiver discordâncias ou sugestões, comunique-se com a escola e apresente suas ideias.

7. FAÇA SUA PARTE NA PARCERIA ESCOLA-FAMÍLIA

- Fique atento para verificar se a escola forma seu filho para a autonomia intelectual, a liberdade de expressão, o gosto por aprender.
- Evite criticar ou desautorizar os professores e a escola na frente do seu filho. Você pode apresentar as suas discordâncias no colégio, mas em geral procure reforçar nele uma postura de colaboração e respeito para com os educadores.
- Valorize o professor. Nunca diga frases como: "Já pensou, um filho meu ser professor, coitado?", ou "Quem é ele para te dar ordens?". Mostre a importância social do professor e estimule uma postura de respeito pelo mestre.
- Colabore com o cumprimento das normas de convivência, mas não aceite que a escola imponha a cultura do medo nem a obediência a normas sem sentido. Ensine seu filho a se posicionar e expressar adequadamente o que pensa.
- Se for chamado pela escola para conversar sobre algum problema relacionado ao seu filho, não vá com uma postura defensiva. Ouça primeiro, mantenha uma atitude colaborativa para que o problema seja resolvido em conjunto.
- Não reforce no seu filho uma ideia de que você é um cliente e a escola, uma simples fornecedora. Não diga frases como: "Nós estamos pagando." Reforce o conceito de que você e a escola são parceiros na formação do seu filho.
- Compreenda o método da escola, seu modo de trabalhar e as normas do regimento escolar, e comprometa o seu filho com elas, para que a convivência seja boa e o ambiente favoreça a aprendizagem.
- Cobre da escola um bom serviço, um método consistente e acompanhe a implantação das melhorias que a instituição se comprometer a fazer.
- Conheça o currículo e veja se existem aulas extras ou opcionais, para que seu filho aproveite ao máximo as oportunidades de aprendizagem.
- Conheça o sistema de aprovação e reprovação e oriente seu filho para se preparar adequadamente para as provas em cada período.

- Se seu filho ficar em recuperação, fique atento ao calendário específico das aulas de reforço e outras atividades, apoiando a sua preparação para as provas.
- Exija uma educação de qualidade.

8. INFORME-SE SOBRE EDUCAÇÃO

- Informe-se e esteja atualizado sobre a educação no país, estado e município.
- Engaje-se na mobilização social por uma escola pública de qualidade. Essa causa interessa a todos.
- Conheça os sistemas de medição da qualidade do ensino e verifique a nota da escola do seu filho. Exija melhorias no serviço oferecido sempre que necessário.
- Conheça as tendências do ensino e verifique se a escola está atualizada.
- Troque ideias com outros pais sobre o que fazem para melhorar o ensino com seus filhos e sobre as mudanças necessárias na educação em geral.

9. AMPLIE O UNIVERSO CULTURAL DO SEU FILHO

- Tenha ao alcance do seu filho: livros, revistas, materiais diversos de leitura.
- Visite museus com seu filho, preparando sempre a visita com alguma explicação sobre o que vocês verão, para dar sentido ao que ele aprende.
- Vá com seu filho ao cinema e ao teatro. Discuta as obras a que assistem e suas mensagens, os personagens, o que ele sentiu e o que ele pensa.
- Faça passeios culturais, como por exemplo a lugares históricos da sua cidade, explicando o que veem e sugerindo relações com as aulas da escola.
- Ouça música com seu filho, sobretudo as que tiverem letras de qualidade. Interesse-se por conhecer o universo musical que ele aprecia.
- Vá com ele a apresentações de música, dança e outras artes.

10. FORME EM VALORES E DÊ O EXEMPLO

- Converse com seu filho sobre o que são valores e sobre a importância dos valores em que a sua família acredita.
- Cuide da formação integral do seu filho e reforce os valores que promovem a dignidade humana.
- Ensine seu filho a valorizar a oportunidade de se desenvolver como pessoa.
- Estimule-o a se posicionar e a se engajar em oportunidades de participação na escola, como grêmios, trabalhos comunitários e similares.
- Nunca permita que seu filho copie coisas da internet e que use trabalhos prontos que estão disponíveis na web para entregar como se fossem seus.
- Estude e se atualize sobre os assuntos importantes na sua área de trabalho e também na área de educação. Mostre que estudar é importante.
- Se seu filho sofrer *bullying*, não o encoraje a revidar: procure a escola e resolva a situação com tranquilidade e equilíbrio.
- Mantenha em casa um clima de diálogo, de respeito pela livre expressão das ideias, de tolerância e convivência pacífica.
- Lembre-se sempre do ditado: um exemplo vale mais do que mil palavras. Coloque em prática na sua própria vida tudo o que você diz para seu filho que é bom. Suas atitudes precisam refletir exatamente o que você fala.

40

Teste: Você está fazendo a sua parte?

Este teste ajudará você a fazer uma autoavaliação sobre o quanto está dedicado e comprometido, no dia a dia, com o sucesso do seu filho.

Responda com sinceridade e siga as instruções para somar os pontos. Use a chave de leitura para refletir sobre sua atuação e para mudar ou reforçar o que você faz.

1. Quanto ao horário dos estudos do seu filho:
[A] Cada dia ele estuda num horário, pois sua agenda é cheia de atividades extras.
[B] Esses horários variam, mas antes das provas acho que ele faz um estudo intensivo.
[C] Ajudei a montar uma agenda com horários fixos de estudo, um pouquinho por dia.
[D] Não sei exatamente que horas ele estuda, e tenho dificuldade de controlar isso.
[E] Ele estuda sempre depois da novela da TV, antes de ir dormir.

2. Antes das principais provas, você:

[A] Estimula seu filho a fazer resumos da matéria e o ajuda quando ele solicita.

[B] Conversa com seu filho sobre a importância daquela nota para ele passar de ano.

[C] Sugere que ele não estude demais pois vai acabar ficando tenso e estressado.

[D] Fica mais nervoso(a) do que seu próprio filho.

[E] Nem liga, pois os estudos são um problema dele, e você é muito ocupado(a).

3. O ambiente de estudos do seu filho:

[A] É no meio da sala e quase sempre com a televisão ligada.

[B] É barulhento e agitado, mas ele gosta de estudar assim.

[C] Varia muito, cada dia ele estuda em um lugar, até deitado na cama.

[D] É relativamente tranquilo e tem recursos para ele utilizar (livros ou computador).

[E] Meu filho quase não estuda em casa, só na casa dos colegas.

4. Você tem o hábito de ler?

[A] Sim, ler para mim é um prazer, e leio bastante na frente do meu filho.

[B] Eu não leio muito porque não tenho tempo, mas incentivo meu filho a ler.

[C] Não tenho esse hábito e não gosto muito de ler, mas sei que é importante.

[D] Não leio muito, mas compro livros para meu filho e exijo que ele leia.

[E] Não tenho esse hábito, mas meu filho poderá adquirir o costume na escola.

5. Quando seu filho lhe conta algo sobre a escola, você:

[A] Ouve, mas espera que ele não se alongue muito, pois você está bastante ocupado.

[B] Ouve com atenção, e ainda faz mais perguntas com interesse sobre o que ele fala.

[C] Pede que ele não conte naquele momento, mas diz que no domingo você ouvirá.

[D] Pede que ele conte para seu cônjuge, pois você não pode ouvir naquele momento.

[E] Seu filho nunca conta nada sobre a escola.

6. Nas tarefas de casa, você:

[A] Deixa sempre por conta dele, pois assim aprende a cumprir as obrigações.

[B] Deixa que ele faça o que sabe, e completa você mesmo(a) o que ficou em branco.

[C] Quando vale nota, faz por ele, para garantir.

[D] Faz por ele só quando é algo complicado, como maquetes, desenhos e outros.

[E] Acompanha, verifica se ele não deixou nada em branco e vê as dúvidas.

7. Nas horas livres ou nos momentos de lazer com seu filho, você:

[A] Aproveita para relaxar, se divertir com ele e comer coisas gostosas.

[B] Mistura coisas só de lazer e programas educativos, como um teatro.

[C] Só faz programas educativos, pois o importante é aprender sempre.

[D] Dificilmente tem momentos de lazer com ele, pois anda muito ocupado(a).

[E] Leva sempre algum amiguinho do seu filho, assim ele tem com quem conversar.

8. Quando seu filho diz que tem algum problema na escola, você:

[A] Diz a ele que irá lá reclamar.

[B] Dá apoio e fala mal dos professores e da direção, colocando-se do lado do seu filho.

[C] Pede para saber detalhes, dá conselhos e procura a escola para se aprofundar.

[D] Ouve, mas não liga muito, porque é só dar um tempo e isso passa.

[E] Liga para outros pais para fazer um mutirão e ir reclamar juntos na escola.

9. Se as notas do seu filho começam a chegar muito baixas, você:

[A] Conversa, conscientiza para estudar mais e procura a escola para saber o que há.

[B] Dá uma bronca e mostra a importância de estudar para vencer na vida.

[C] Compara com o irmão dele, para estimular uma competição e uma melhora.

[D] Não se preocupa, pois isso pode acontecer com todo mundo, depois ele recupera.

[E] Você não costuma ver as notas, basta ouvir o que seu filho conta e confiar nele.

10. Quando tem reunião de pais na escola, você:

[A] Vai sempre, mesmo se seu filho tem notas boas, e se não pode ir manda alguém que gosta dele e que poderá lhe passar as orientações recebidas.

[B] Vai de vez em quando, sobretudo quando ele está com notas ruins.

[C] Quase nunca vai, pois nas vezes em que foi a reunião não serviu para quase nada e você perdeu compromissos à toa.

[D] Vai, mas não entende muito bem, pois é muita pedagogia.

[E] Espera até que falem do seu filho e assim que pode vai embora.

INSTRUÇÕES

No final do livro você encontra a chave de leitura deste teste. Apenas uma das respostas, em cada questão, vale ponto. Se você assinalou essa, marque ponto para você. Some os pontos que atingiu e confira seu resultado.

PARA VOCÊ LEMBRAR

- Ajude seu filho a organizar a agenda de estudos, estimule que ele assuma os compromissos, mostre interesse pelo seu dia na escola, vá às reuniões de pais, realize atividades extras que ampliem seu universo cultural.

- A autoestima do seu filho é fundamental para ele aprender. Reforce-a.

- Promova atividades que ajudem a desenvolver a iniciativa pessoal, a autonomia, a capacidade de aprender ao longo da vida, a cidadania ativa.

- Não faça as tarefas pelo seu filho, não dê broncas quando ele não aprender, não o obrigue a decorar matérias. Não mostre má vontade e impaciência ao acompanhar seus estudos.

- Incentive seu filho para a leitura, criando momentos agradáveis para ler com ele, conversando sobre as mensagens e investindo em livros interessantes.

- Para seu filho gostar de matemática, proponha desafios divertidos e estimule-o a usar a matemática para resolver problemas do dia a dia.

- Se seu filho for vítima de *bullying*, ou se ele for agressor, envolva-se para mudar a situação. Considere a possibilidade de atendimento psicológico.

- Se seu filho fica muito tenso nos momentos de avaliação, ajude-o a tratar essas situações de forma mais natural e a se preparar para as provas com antecedência e tranquilidade. Não reforce os erros, valorize os acertos.

- Se seu filho ficar em recuperação, esse não é o momento de dar bronca. Acompanhe seus estudos e ajude-o a superar esse desafio.

- Se seu filho repetir o ano, avalie que estratégia seguir. Analise, junto com a escola, todas as variáveis implicadas.

- Monitore a navegação do seu filho na internet, sobretudo quando ele é criança. Conheça os riscos da web e ajude seu filho a desenvolver a capacidade crítica.

- Se seu filho apresenta sintomas de algum problema de aprendizagem ou, ainda, dispersão excessiva, falta de atenção, impulsividade, dificuldade de concentração, procure um especialista.

- Distúrbios de aprendizagem não significam menos inteligência.

Epílogo

A educação que a escola não pode dar

Um filho não é um fardo, um castigo, uma obrigação. Um filho é um presente. Você pode ter uma carreira profissional, sua vida, seus amigos, seus problemas e sonhos, seus planos. Mas você também tem um filho. Cuide bem dele. Dedique tempo para estar ao seu lado.

Quando seu filho nasceu, era indefeso e frágil, totalmente dependente de você. Você olhava para ele e desejava, com toda a força do seu coração: Que seja muito feliz. O que você pode fazer por ele agora?

Existe uma chave para a felicidade e para o sucesso na vida do seu filho. É algo simples, construído no instante de cada dia. Essa chave é o amor.

Amor é saber cobrar quando necessário, exigir compromisso, colocar limites. Amor é ter paciência diante dos erros, é pensar junto como resolver os problemas, é tratar os problemas dele com a mesma importância que os seus. Amor é dedicar tempo para ler junto, estudar as coisas simples e as complicadas, jogar conversa fora. Amor é respeitar e entender o que ele pensa, é saber que seu filho tem o tempo dele. Amor é ter serenidade, doçura, firmeza com suavidade.

Tem coisas que a escola não pode ensinar. Ela pode reforçar, mas a base vem de você.

Ensine a seu filho que existem valores mais importantes que o dinheiro ou a posição social. Ensine seu filho a buscar a justiça, a paz, a tolerância, o diálogo, a cooperação, o respeito pelos demais, a honestidade, a civilidade. O mundo se torna bem melhor quando mais gente preza e pratica esses valores.

Ensine a seu filho que outro mundo é possível, uma sociedade em que todos têm voz e são respeitados e ouvidos. Ensine que a pessoa vale pelo que é, não pelo que tem. Imagine que esse mundo começa na sua casa e comece a construí-lo.

Não é fácil ser pai e mãe hoje. Mas se você seguir um princípio, provavelmente vai acertar: ame o tempo todo. Quando não souber o que fazer, siga o seu coração. Quem ama quer o melhor, e faz o melhor pelo outro. Quem ama educa.

O tempo vai passar e seu filho vai crescer. Se a base tiver sido boa, ele vai construir uma vida bonita, encarar os problemas de frente, se desenvolver e se tornar um adulto equilibrado, admirado e feliz, na trilha do que você ensinou. Seu filho não está imune às forças da sociedade, que cerceiam nossos sonhos. Mas a educação é um ato de esperança. Não uma esperança vazia, e sim uma esperança que dá sentido a uma missão, a de formar pessoas e encorajá-las a construir um mundo diferente.

O caminho do seu filho começa a ser construído, e você pode estar do seu lado. Agora é com você: pegue sua mão e ajude-o a dar os primeiros passos.

Chaves de leitura dos testes

TESTE 1

QUAL É O MODELO DE EDUCAÇÃO QUE VOCÊ ENFATIZA EM CASA?

Se você assinalou mais vezes a letra A
Você enfatiza uma educação para o trabalho e a produtividade. Mostra a seu filho a importância do estudo, do esforço pessoal para alcançar objetivos, e valoriza resultados. Sabe que no mercado de trabalho seu filho encontrará uma realidade competitiva, onde terá que se destacar pela competência. Por isso, o estimula a não perder tempo, a aproveitar todas as oportunidades possíveis para ampliar a sua bagagem de conhecimentos, e, sempre que pode, investe em complementos para essa formação.

Educar para o trabalho é mesmo muito importante. Mas tenha em mente estas dicas: cuidado com as cobranças excessivas, e lembre-se que a vida não é só trabalhar. É importante dosar as atividades acadêmicas com outros programas culturais e de lazer, que tornam a formação mais completa e equilibrada.

Se você assinalou mais vezes a letra B
Você reforça uma educação voltada para a cultura, com oportunidades diversas de sair do conhecimento puramente acadêmico das disciplinas escolares e conhecer o mundo através de outras manifestações, como o cinema, a literatura, o teatro, a pintura, a música. Para você, existe vida para além do mercado de trabalho, e a educação envolve a sensibilidade, o sentido estético, as artes.

Se o trabalho da escola estiver sendo bem feito, esta opção é bastante interessante, pois pode proporcionar ao seu filho uma visão mais ampla das coisas, além de uma bagagem cultural bem diversificada, o que é muito importante. Inclusive para o mercado de trabalho, que hoje espera dos profissionais algo mais do que conhecimentos técnicos.

Uma dica: esteja atento para que o conhecimento acadêmico não fique em segundo plano e a formação seja realmente bem articulada e equilibrada.

Se você assinalou mais vezes a letra C

Você enfatiza uma educação voltada para a cidadania, oferecendo oportunidades para que seu filho circule em ambientes que favoreçam a sua socialização, a comunicação com os demais e, até mais do que isso, o seu progressivo engajamento em atividades voltadas para o bem comum. Está educando seu filho para que ele valorize diferentes formas de compromisso cidadão: seja em trabalhos voluntários, em partidos políticos, em ações pelo bairro, pela comunidade ou pela cidade. Você deixa claro para ele que valoriza as pessoas que dedicam parte de seu tempo a fazer algo pelo mundo e que acreditam na mudança social.

Uma dica: esteja atento para que outros aspectos importantes da educação não fiquem em segundo plano. Os conhecimentos acadêmicos e a formação cultural também são fundamentais para que a educação seja equilibrada e completa.

Se você assinalou mais vezes a letra D

Suas respostas indicam uma valorização bastante forte do físico, da beleza, da apresentação pessoal, das aparências.

É claro que todo pai deseja que o filho seja bonito, bem-apresentado e, se possível, admirado por todos. Mas há que ter cuidado com os excessos, pois eles podem acabar formando uma pessoa superficial, que se deixa levar por modismos, ou que se torna consumista, ou preocupada demais com o lado exterior.

Procure refletir: que postura de vida a sua educação está reforçando? Será que quando adulto o seu filho será plenamente feliz e completo se ficar ocupado apenas com aspectos exteriores, como o físico ou as roupas?

A dica é: pense na possibilidade e na conveniência de reforçar outras linhas educativas, que proporcionem uma formação para o mundo do trabalho, ou para os interesses culturais, ou para o engajamento social ou comunitário. Isso será muito enriquecedor no desenvolvimento da personalidade do seu filho!

Se você assinalou mais vezes a letra E

Parece não haver uma linha muito definida, pelo menos no momento, na educação que você proporciona ao seu filho em casa.

Você já pensou que existe uma diferença entre estimular a autonomia e a capacidade de decisão do seu filho e simplesmente delegar para ele todas as escolhas? Em certos momentos, você pode não ter muita clareza sobre o que deve fazer, então acaba deixando que seu filho decida por você. Isso pode ser arriscado, sobretudo se ele ainda não tiver a maturidade suficiente para fazer as escolhas mais acertadas para cada momento.

Pais inseguros têm receio de que os filhos não os valorizem e, muitas vezes, acabam fazendo todas as suas vontades, ou se omitindo, para não desagradar. Isso não é aconselhável. Espera-se que você seja a parte mais madura e equilibrada dessa relação, e possa orientar o processo educacional em casa. Pense a respeito.

TESTE 2

VOCÊ ESTIMULA A FORMAÇÃO INTEGRAL DO SEU FILHO?

Letra	Dimensão
A	Cognitiva
B	Afetiva
C	Comunicativa
D	Ética
E	Estética
F	Física/Corporal
G	Sociopolítica
H	Espiritual

TESTE 3

VOCÊ ESTÁ FAZENDO A SUA PARTE?

Respostas que valem 1 ponto:
1. C   2. A   3. D   4. A   5. B   6. E   7. B   8. C   9. A   10. A

Se você fez de 0 a 5 pontos
Você precisa refletir sobre o tipo de acompanhamento que dá à vida escolar do seu filho. Pense o que está acontecendo: falta de tempo? Falta de interesse? Ser

que você delega demais ao pai/mãe dele? O fato é que, se depender do seu apoio e envolvimento, seu filho não terá uma vida de sucesso na escola. Procure organizar melhor a sua agenda e, sobretudo, questionar-se sobre seu papel nesse processo educacional. Sua participação é importante!

Se você fez entre 6 e 7 pontos

Você tem consciência sobre a importância do seu papel, mas ainda poderia participar um pouco mais da vida escolar do seu filho. Será que você já organizou a sua agenda para isso? Preste atenção também às perguntas que você marcou que não valeram ponto. O que elas indicam? Será que você anda exigindo e cobrando demais, ou de menos?

Se você fez entre 8 e 10 pontos

Parabéns! Você realmente está presente na vida escolar do seu filho e muito atento ao seu desenvolvimento. Se deixou de marcar ponto em alguma questão, verifique essas alternativas. Você concorda com a chave de leitura proposta neste livro? Será que, no item em que não marcou ponto, algo pode mudar? Se marcou 1 ponto em todas, parabéns! Você é um pai ou mãe nota dez e isso, com certeza, irá se refletir positivamente no desempenho escolar do seu filho.

Sugestões de filmes

Estes filmes podem inspirar você na sua relação com seu filho e na compreensão sobre os desafios de educar hoje.

- **Entre os muros da escola** (*Entre les murs*, direção de Laurent Cantet, França, 2008).
Vencedor da Palma de Ouro no Festival de Cannes, 2008.
A sala de aula, como um espelho da realidade, reflete as diferenças e choques das diversas culturas dos adolescentes. Os professores enfrentam conflitos pessoais e profissionais para conseguir educar numa atmosfera de motivação e interesse por aprender.
Este filme ajuda a refletir sobre o sentido da educação de hoje e sobre como é complexo educar jovens que, à primeira vista, não estão com vontade de cooperar.
Sugestão: leia a entrevista com o diretor, Laurent Cantet, em http://g1.globo.com/Noticias/Cinema/0,,MUL1039085-7086,00.html.

- **Nenhum a menos** (*Not one less*, direção de Yimou Zhang, China, 1999).
Vencedor do Leão de Ouro do Festival de Veneza, 1999.
Este filme revela as condições da educação na zona rural chinesa. O professor precisa se ausentar da escola e deixa uma voluntária de apenas 13 anos no seu lugar. Mas um dos alunos foge, e a partir disso, o filme leva a refletir sobre o papel do educador, de fazer com que a criança, por mais difícil que possa parecer, nunca desista de estudar.

- **Presente de grego** (*Baby boom*, direção de Charles Shyer, EUA, 1987).
Uma executiva de meia-idade muito bem-sucedida tem a vida profissional e pessoal alterada quando uma criança entra em sua vida. Ótimo filme para pensar sobre o relacionamento com os filhos e sobre as oportunidades que podem surgir em todos os campos, mesmo quando os momentos parecem os mais difíceis.

- **Sociedade dos poetas mortos** (*Dead poets society*, direção de Peter Weir, EUA, 1989).

Numa escola tradicional, um novo professor de literatura traz métodos revolucionários, que instigam os alunos a pensar por si mesmos. Mas isso entra em choque com a direção da escola. Este filme ajuda a visualizar na prática as tendências da educação de hoje, voltada para a formação da autonomia intelectual.

• *Pro dia nascer feliz* (Direção de João Jardim, Brasil, 2007).

Documentário brasileiro sobre as diferentes situações que adolescentes de quatorze a dezessete anos, de diversas classes e origens sociais, enfrentam dentro da escola. Ótima oportunidade para conhecer melhor o universo dos adolescentes e os desafios de educar hoje.

• *A onda* (*The wave*, direção de Alex Grasshoff, EUA, 1981).

Este filme raro e curto, baseado numa história real, mostra como um grupo de jovens é envolvido pelo fanatismo, seguindo um professor. Importante para refletir sobre a formação da consciência crítica e as ideologias totalitárias que, às vezes, marcam alguns processos educacionais.

• *O sorriso de Monalisa* (*Mona Lisa smile*, direção de Mike Newell, EUA, 2003).

Professora progressista ensina numa escola conservadora para alunos de famílias abastadas. Por causa das ideias liberais, a mestra entra em choque com alguns alunos, pais e com a direção da escola. É um filme que instiga a refletir sobre o papel do educador e a importância do diálogo na educação.

• *O rei Leão* (*The lion king*, direção Roger Allers e Rob Minkoff, EUA, 1994).

Uma das melhores animações da história da Disney, é uma bela oportunidade para refletir e aprender sobre o relacionamento entre pais e filhos, entre outros valores.

• *Somos todos diferentes* (*Taare zameen par*, direção de Aamir Khan, Índia, 2007).

Uma criança solitária e pouco atenta nas aulas é transferida pelos pais para uma escola interna, para evitar a reprovação. Graças a um educador, o professor de arte, a criança vai recuperando aos poucos a alegria e a autoconfiança. Filme importante para discutir a atenção personalizada na educação, assim como as diferenças individuais.

- *A culpa é do Fidel* (*La faute à Fidel*, direção de Julie Gavras, França/Itália, 2006).

Uma menina de nove anos vive tranquila e confortavelmente até que a ideologia comunista começa a penetrar na família e obriga a uma revisão de práticas e valores.

Este filme bem-humorado e crítico, inteligente e sensível, faz pensar sobre relações familiares, autoconhecimento e crescimento.

- **Uma segunda chance** (*Regarding Henry*, direção de Mike Nichols, EUA, 1991).

Um homem frio e calculista tem com sua família uma relação desgastada, mas depois de um acidente ele começa a rever a própria vida e a resgatar as relações familiares. Bom filme para discutir a relação entre pais e filhos.

- **Uma babá quase perfeita** (*Mrs. Doubtfire*, direção de Chris Columbus, EUA, 1993).

Pelas saudades que sente dos filhos após a separação, o personagem principal acaba encontrando uma forma bem criativa para ficar mais tempo com eles. Assim, ele acaba construindo uma nova relação com toda a família. Filme interessante para discutir o relacionamento entre pais e filhos e as muitas possibilidades para que ele aconteça mesmo quando estes não moram na mesma casa.

- **Fahrenheit 451** (*Fahrenheit 451*, direção de François Truffaut, Inglaterra, 1966).

No futuro, a humanidade vive num regime totalitário. As pessoas são educadas para desempenhar certas funções sociais, sem questionar. E o estado de obediência depende da educação: nas escolas, as crianças aprendem a não ler e os livros são queimados.

Este filme de ficção científica ajuda a refletir sobre o poder da leitura na formação das pessoas como cidadãs e na afirmação da democracia.

Para saber mais

Aqui você encontra dez indicações que podem ajudá-lo a saber mais sobre educação.

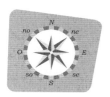

- *Blog Andrea Ramal*. Site http://www.andrearamal.com.br.

- *Conversas com quem gosta de ensinar*. Rubem Alves. São Paulo: Cortez, 1980.

- *Pedagogia da autonomia*. Paulo Freire. Rio de Janeiro: Paz e Terra, 1996.

- *Dez novas competências para ensinar*. Philippe Perrenoud. Porto Alegre: Artmed, 2000.

- *Cuidado, escola!* Babette Harper e outros. São Paulo: Brasiliense, 2000.

- *Histórias de gente que ensina e aprende*. Andrea Ramal. São Paulo: Loyola, 2003.

- *Quem ama, educa!* Içami Tiba. São Paulo: Integrare, 2008.

- Revista *Educar para Crescer*. Site http://educarparacrescer.abril.com.br/.

- Programa Globo Educação. Site http://redeglobo.globo.com/globoeducacao.

- *Pátio Revista Pedagógica*. Site http://www.revistapatio.com.br.

Ferramentas para os pais

VISITE MEU BLOG:
www.andrearamal.com.br.

Nele você encontra vídeos, textos, além destas e outras ferramentas. Espero você por lá para trocar ideias!

☺ **Exemplo de agenda para organizar a semana do seu filho.**

☺ **Dicas:**
- Como estimular a criatividade do seu filho.
- Como tornar uma visita a um museu uma experiência de aprendizagem.
- Como tornar uma ida ao cinema uma experiência de aprendizagem.
- Como tornar um capítulo de novela uma experiência de aprendizagem.
- Como tornar uma música uma experiência de aprendizagem.

☺ **Dicas de livros para gostar de ler.**

☺ **Frases com arte para você imprimir e pendurar no mural do seu filho.**

☺ **Papel de parede para o computador do seu filho e para o seu.**

☺ **Sites e matérias da web que eu recomendo: visite!**

Glossário

ATIVIDADE EXTRACLASSE
É toda atividade educacional desenvolvida fora da sala de aula, que serve para reforçar, aplicar ou complementar os conhecimentos estudados em sala, ou para incorporar no processo de ensino-aprendizagem outros aspectos presentes no currículo, como a socialização ou o relacionamento interpessoal.

BIBLIOTECA VIRTUAL
Acervo de textos e outras mídias acessíveis pela web ou por outras redes.

BOLETIM
Informativo impresso ou eletrônico que a escola fornece ao aluno e aos pais e/ou responsáveis com uma visão consolidada das notas de um determinado período. Pode ou não conter dados adicionais, referentes a aspectos de comportamento, personalidade, participação e outros.

BRINQUEDOTECA
Espaço destinado a atividade lúdica, no qual a criança tem acesso a brinquedos e, no processo, tem a oportunidade de se desenvolver, resolver problemas, socializar-se, superar desafios e se expressar livremente.

BULLYING
Atos de violência física ou psicológica, praticados de forma intencional e repetitiva, por um indivíduo ou grupo de indivíduos com o objetivo de agredir, intimidar, humilhar ou ferir outro indivíduo ou grupo de indivíduos.

CALENDÁRIO ESCOLAR
Organização do tempo escolar a partir do ano letivo (que, no Brasil, tem um mínimo de 800 horas, distribuídas em 200 dias de efetivo trabalho escolar), identificando os períodos de aula, recesso e demais atividades da escola.

COGNIÇÃO
É o ato de adquirir um conhecimento. Diz respeito mais diretamente ao intelecto.

COMUNIDADE EDUCATIVA
O conjunto de todos aqueles que participam do processo educativo e do ambiente escolar, ou seja: alunos, professores, funcionários, diretores e supervisores, pais de alunos, voluntários, ex-alunos.

CONSELHO DE CLASSE
Reunião em que professores e gestores discutem o andamento do processo de ensino-aprendizagem de uma ou mais turmas, com a presença ou não de alunos. Esta reunião decide sobre aprovação ou reprovação de estudantes e, sobretudo, tem como objetivo avaliar os resultados do trabalho pedagógico e encontrar necessidades de reformulações e melhorias nas práticas escolares.

CURRÍCULO
Toda a aprendizagem planejada e administrada pela escola, seja em sala de aula ou em outros ambientes da instituição, de um modo formal ou não formal.

DIRETRIZES CURRICULARES NACIONAIS (DCN)
Normas obrigatórias para a Educação Básica, fixadas pelo Conselho Nacional de Educação (CNE), que orientam o currículo das escolas no Brasil. Estão estabelecidas DCN para todos os níveis de ensino, a saber: Educação Infantil, Ensino Fundamental, Ensino Médio e até para a Formação de Professores.

EDUCAÇÃO A DISTÂNCIA
Processo de ensino-aprendizagem no qual alunos e professores não compartilham necessariamente o mesmo espaço e tempo, podendo se conectar por tecnologias impressas ou digitais e por recursos de comunicação e interação.

ENEM
Exame Nacional do Ensino Médio. Existe no Brasil desde 1998 e tem como objetivo avaliar o desempenho do aluno ao término da educação básica, buscando aferir o desenvolvimento de competências fundamentais ao exercício pleno da cidadania. Dependendo do seu resultado, o aluno pode concorrer a bolsas e ter a

chance de entrada nas universidades. As áreas avaliadas são: Matemática e Suas Tecnologias, Linguagens, Códigos e Suas Tecnologias, Ciências Humanas e Suas Tecnologias e Ciências da Natureza e Suas Tecnologias.

EVASÃO ESCOLAR

Saída ou abandono da escola. As taxas de evasão costumam ser um dos indicadores para medir a qualidade do ensino.

HIPERTEXTO

Texto digital que contém conexões com outras partes do mesmo texto ou de outros, que podem ser ativadas. O hipertexto constitui, assim, um texto aberto, e o percurso de leitura ou navegação é construído pelo próprio leitor.

IDEB

Índice de Desenvolvimento da Educação Básica. É o principal medidor da qualidade da educação brasileira, calculado com base na taxa de rendimento escolar (aprovação e evasão), no desempenho dos alunos na Prova Brasil e no SAEB (Sistema de Avaliação da Educação Básica).

INTELIGÊNCIAS MÚLTIPLAS

Expressão criada pelo psicólogo Howard Gardner para descrever as múltiplas dimensões da inteligência humana. Para Gardner, além da cognição e das capacidades lógico-matemáticas, a mente tem outras faces ou inteligências: corporal-cinestésica, lógico-matemática, linguística, musical, espacial, intrapessoal, interpessoal.

JOGOS EDUCATIVOS

Ambientes e recursos que, através de situações lúdicas, provocam o aluno a aprender enquanto realiza buscas, descobre coisas e utiliza o raciocínio. Os jogos têm um papel importante na construção da inteligência e influenciam o desenvolvimento da criança, pois através deles ela aprende a interagir, adquire autoconfiança, exercita a iniciativa e desenvolve a linguagem e a concentração.

LEI DAS DIRETRIZES E BASES DA EDUCAÇÃO NACIONAL (LDB)

É a Lei 9.394/96, que define e regulariza o sistema educacional brasileiro, a partir dos princípios da Constituição Federal.

PARÂMETROS CURRICULARES NACIONAIS (PCN)

Conjunto de orientações que norteiam a definição dos currículos de cada área de ensino. Diferentemente das DCN, não são normas, e sim propostas, a partir das quais as escolas constroem seus próprios planos de trabalho. Os PCN orientam, sobretudo, a renovação dos conteúdos programáticos, visando criar um ensino mais atual e voltado para a formação da cidadania, que priorize o desenvolvimento de competências. Os PCNs também orientam a intercessão dos conteúdos escolares com temas transversais: Ética, Saúde, Meio Ambiente, Orientação Sexual, Trabalho e Consumo e Pluralidade Cultural.

PROJETO POLÍTICO-PEDAGÓGICO (PPP)

É o documento que apresenta os objetivos da escola, assim como as estratégias que ela pretende utilizar para alcançá-los.

PROVA BRASIL

Exame que, junto com o SAEB, compõe o sistema de avaliação da educação básica no Brasil. A Prova Brasil é aplicada a estudantes de escolas públicas e particulares, matriculados nos anos finais de cada nível de ensino, e envolve conhecimentos de matemática e português.

Q.I.

Quociente de inteligência, medida à qual se chega através de testes que pretendem avaliar a inteligência de uma pessoa, em comparação com outras da mesma idade. Os testes de Q.I. avaliam fundamentalmente a capacidade cognitiva, e hoje são considerados instrumentos limitados para fornecer uma visão completa do potencial da pessoa. Isso porque o conceito de inteligência é mais amplo, envolvendo dimensões como: relacionamento interpessoal, capacidade de lidar com as próprias emoções, entre outras.

QUESTÕES OBJETIVAS

Tipo de questão numa prova em que há uma única resposta correta, que o aluno deve assinalar ou redigir objetivamente, sem margem a outra interpretação.

QUESTÕES SUBJETIVAS

Tipo de questão de prova em que um parecer ou interpretação de um sujeito estão implicados na resposta. Por isso, pode haver várias possibilidades de resposta. Para corrigi-las o professor deverá ter clareza sobre os critérios que irá utilizar.

RECUPERAÇÃO

Oportunidade oferecida pela escola para que o aluno aprenda conhecimentos e desenvolva competências que não foram desenvolvidas no período regular. É um direito do aluno, conforme a Lei das Diretrizes e Bases da Educação Nacional (LDB) e, de acordo com essa mesma lei, deve ocorrer preferencialmente de forma paralela ao período letivo.

REGIMENTO ESCOLAR

Conjunto de regras e normas de uma escola. Dentro da autonomia que a legislação prevê para cada unidade de ensino, cada escola define, no seu regimento, as regras que irão determinar a organização didática, disciplinar, administrativa, estabelecendo os direitos e deveres de todos os que convivem no ambiente escolar e dividindo responsabilidades e atribuições. Hoje o regimento se entende, mais do que como um manual de normas, como um instrumento para facilitar a convivência harmoniosa e, assim, favorecer as condições de aprendizagem.

REUNIÃO DE PAIS

Evento periódico planejado pela escola para se encontrar com os pais dos alunos e, nesse momento, fornecer informações sobre o andamento do processo de ensino-aprendizagem, dar orientações sobre a colaboração da família na ação educativa, esclarecer dúvidas e estreitar a parceria família-escola.

SAEB

Sistema de Avaliação da Educação Básica, criado pelo governo federal com a finalidade de acompanhar a qualidade do ensino básico nas escolas públicas e particulares. As provas envolvem um conjunto de disciplinas e conteúdos e são aplicadas a cada dois anos.

Impressão e acabamento
Imprensa da Fé